RECHERCHES

SUR LA

CÉRAMIQUE

RECHERCHES

SUR LA

CÉRAMIQUE

SUIVIES DE

MARQUES ET MONOGRAMMES

Des différentes Fabriques

PAR

M. Jules GRESLOU

Membre de la Société Archéologique d'Eure-et-Loir.

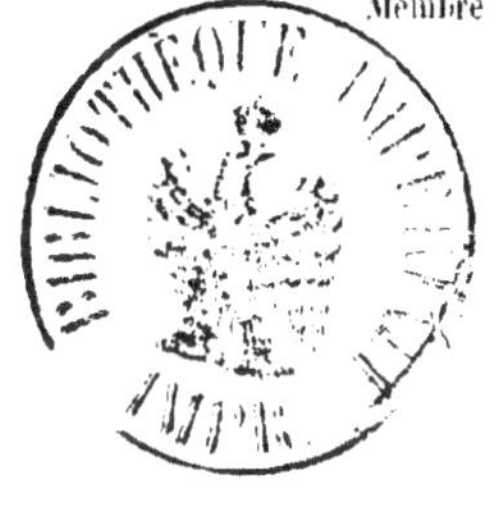

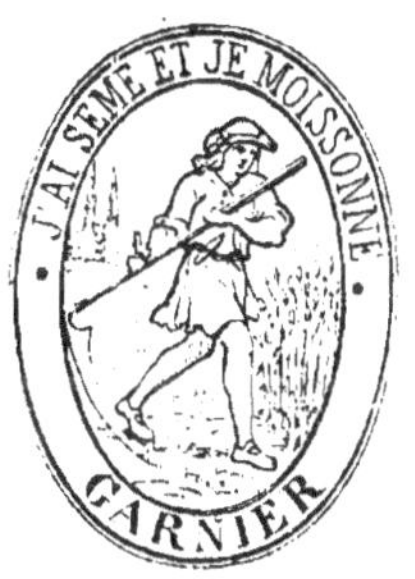

CHARTRES

IMPRIMERIE DE GARNIER
Rue du Grand-Cerf, 11.

—

1863.

A M. RIOCREUX,

Conservateur du Musée céramique de la manufacture
impériale de Sèvres.

Cher Monsieur,

C'est à vous que je dédie cet ouvrage, à vous à qui
les études céramiques sont le plus redevables; à vous qui,
loin de garder en jaloux votre profond savoir, acquis au
prix d'une longue expérience, de laborieuses études et
d'incessantes recherches, prenez plaisir à le communiquer
en toute occasion; à vous enfin qui, aussi modeste que
savant, laissez à d'autres le mérite de publier vos intéressantes découvertes.

En agissant ainsi, j'accomplis un devoir de reconnaissance; car, si j'ai pu faire connaître dans mes Re-

cherches historiques quelques faits nouveaux intéressant
la céramique, et rectifier certaines erreurs généralement
accréditées, n'est-ce pas à votre intarissable obligeance et
à vos précieux renseignements que je le dois.

Veuillez me permettre de profiter de cette occasion
pour vous en remercier, et daignez accepter cette dédicace
comme une preuve de la profonde gratitude et un gage
du respectueux attachement de l'un de vos plus dévoués
élèves.

J. GRESLOU.

Chartres, le 2 septembre 1863.

INTRODUCTION.

Le goût pour les œuvres d'art céramique, surexcité par les expositions d'anciennes poteries émaillées, faites pendant ces dernières années en province, notamment à Rouen et à Nevers, et par l'exhibition de la fameuse collection Campana, s'est prodigieusement développé chez nous. Il s'est propagé des collectionneurs et amateurs aux gens du monde, et ce n'est plus seulement dans les musées publics et les collections privées que l'ancienne poterie artistique se fait admirer, c'est aussi dans nos appartements, dont elle est devenue l'ornement indispensable. On ne voit plus guère aujourd'hui de salle à manger, de salon ou de boudoir, dont les dressoirs et les étagères ne soient garnis de spécimens de faïence ou de porcelaine, plus ou moins curieux sous le rapport de l'art ou de l'ornementation.

Tous ceux qui recherchent ainsi des produits de l'art céramique n'apprécient pas, il est vrai, une pièce au même point de vue. Les uns la collectionnent pour son mérite artistique et le charme qu'elle peut ajouter à la décoration d'un intérieur confortable; les autres, à cause de sa rareté et de l'intérêt qu'elle offre pour l'histoire de l'art. Les premiers tiennent plus à l'élégance et au bon état de la pièce qu'à son origine; les derniers ne s'occupent que secondairement de sa bonne conservation et ne l'estiment qu'en raison des nouveaux renseignements qu'elle peut donner sur l'origine et la filiation de la poterie. Pour ceux-ci, un objet brisé ou même un simple fragment aura parfois autant, et même plus, de valeur qu'un beau vase intact si, plus que ce vase, il présente, par sa marque ou par certain caractère céramique, le moyen de résoudre une question douteuse. Montrez à ces amateurs un spécimen quelconque, leur premier mouvement, avant tout examen, sera de le retourner, pour voir s'il porte ou non un monogramme ou tout autre signe, et, suivant qu'il en est ou non pourvu, il aura à leurs yeux plus ou moins d'intérêt.

C'est à eux que s'adresse plus particulièrement le recueil de marques que nous publions aujourd'hui.

En tête de notre travail nous avons placé des recherches historiques sur la poterie émaillée, où les gens du monde trouveront les premières notions à l'aide desquelles ils pourront s'initier à la connaissance de l'art céramique et, sans se livrer à une étude spéciale et approfondie de cet art, se mettre à même d'apprécier le mérite et la valeur des objets qu'ils possèdent ou qu'ils désirent acquérir.

Ces simples notes, primitivement destinées à précéder un rapport sur la partie céramique de l'exposition qui a eu lieu à Chartres, en 1858 — travail dont nous avions été chargé par la Commission d'organisation de cette exposition — ont été déjà imprimées, pour la plus grande partie, dans les *Mémoires de la Société archéologique d'Eure-et-Loir,* après avoir été lues dans la séance du 12 janvier 1860.

Depuis cette époque, on s'est occupé plus que jamais de la céramique; et bien des études ont été faites sur l'origine et la fabrication de nos faïences nationales. Ces études ont procuré la découverte de nouveaux et intéressants documents concernant différentes fabriques sur lesquelles, pour la plupart, on n'avait que des notions incomplètes ou incertaines, telles que celles d'Aprey, Lyon, Marseille, Moustiers, Rigné en Poitou, etc., etc. Elles ont aussi fait connaître des fabriques de faïence artistique ayant existé en France, et restées en quelque sorte ignorées, comme celles de Blois, qui auraient cependant, suivant M. Ulysse Besnard, conservateur du musée de Blois, brillé d'un certain éclat au XVIIe siècle, ainsi que le prouvent des faïences de cette époque, signées *Lebarquet*, d'un blanc pur et solide, et décorées d'émaux aussi brillants que ceux des Nevers et des Rouen les mieux réussis.

Parmi les découvertes récentes, la plus heureuse sans contredit est celle que vient de faire M. Benjamin Fillon, mis sur la voie par M. Riocreux.

Grâce aux habiles recherches auxquelles s'est livré cet amateur poitevin, non moins érudit que zélé, il est désormais avéré que les faïences dites de Henri II, dont l'origine mystérieuse a préoccupé si longtemps les plus savants céramistes, ont été fabriquées à *Oiron* (Deux-Sèvres), avec les terres de Rigné ou de quelque autre bourg de la même contrée.

Nous avons dit nous-même, d'après l'opinion généralement admise alors, que les faïences dites de Henri II paraissaient être l'œuvre d'un artiste florentin ; nous nous hâtons de réparer cette erreur et de constater qu'elles sont réellement françaises, quant à leur provenance et quant à la patrie de leurs auteurs.

La *Chronique des arts et de la curiosité* a publié,

dans son numéro du 4 janvier 1863, une lettre adressée par M. B. Fillon à M. Riocreux pour lui annoncer le résultat de ses travaux et lui en offrir les prémices, à titre de remerciement de tout ce qu'il avait bien voulu faire pour l'aider à obtenir ce résultat.

Dans cette lettre, M. B. Fillon, en attendant les renseignements qu'il prépare pour son livre de *Poitou et Vendée*, énonce des faits d'un très-grand intérêt. Nous en détachons ce qui suit :

« Les *Merveilles de la Curiosité*, qui font rêver tous les amateurs, ont été fabriquées à Oiron, près de Thouars (Deux-Sèvres), avec la terre prise dans le pays.

» Deux artistes ont concouru à cette œuvre : le potier François Charpentier, et Jean Bernart ou Bernard, gardien de la librairie et secrétaire d'Hélène de Hangest-Genlis, veuve d'Artus Gouffier, femme supérieure, adonnée à la culture des arts.

» Après le décès de cette dame, arrivé en 1537, ils passèrent l'un et l'autre au service de Claude Gouffier, son fils, grand écuyer de France, qui avait hérité des goûts de sa mère, et était surtout épris des objets de luxe. Ces charmantes poteries sont, par conséquent, essentiellement françaises, quant à la provenance et quant à la patrie de leurs auteurs.

» Deux hommes intelligents, dont l'un était toutefois bien supérieur à l'autre, ont été associés dans l'exécution de nos faïences : un modeleur, probablement employé à la sculpture de la collégiale d'Oiron, doué d'une rare adresse de main, mais pourvu d'un goût peu épuré, et que les circonstances avaient fait potier ; un dessinateur habile, versé dans la pratique de la décoration des livres.

» Que le bibliothécaire d'Hélène de Hangest ait fourni des

dessins de frontispices et de lettres grises à la typographie et des patrons de petits fers aux relieurs, il n'est pas permis d'en douter. J'oserais même presque affirmer qu'il appartenait à l'école de ces artistes lyonnais, trop peu connus, auxquels l'imprimerie a dû des illustrations si merveilleuses. — Les Gouffier ayant possédé Roanne, ville peu éloignée de Lyon, il n'y a rien d'étonnant à ce que Jean Bernard ait été transporté par eux de son pays natal en Poitou. — Le nom de cet artiste rappelle d'ailleurs une famille qui s'est fait, dans la gravure sur bois, une réputation méritée. — Il fut loin cependant d'avoir le sentiment artistique aussi développé que Geoffroy Tory auquel on a attribué les faïences d'Oiron, sans se préoccuper le moins du monde de la différence bien tranchée qui sépare leur style décoratif de celui des compositions du célèbre imprimeur.

» L'examen de la série des belles planches de M. Delange m'a servi à contrôler l'exactitude de mes observations. — En classant autant que possible les pièces de l'album de M. Delange, par ordre chronologique, on arrive, à l'aide des chiffres, monogrammes, armoiries qu'elles portent, à constater que les premières poteries d'Oiron, de beaucoup préférables, selon moi, aux autres, ont été exécutées sous la direction même d'Hélène de Hangest, dont elles ont la livrée de veuve, et datent du second tiers du règne de François Ier, tandis que les dernières, sorties d'autres mains que celles du créateur de cette industrie, sont voisines de l'avénement de Charles IX.

» Les monogrammes et initiales placés sur les faïences d'Oiron sont ceux du Christ, du dauphin Henri, d'Anne de Montmorency et de Claude Gouffier, composé d'un H en mémoire de sa mère et d'un double C, ce qui l'a fait confondre avec celui de son maître, les armoiries sont celles du roi, du dauphin, de Gilles de Laval, seigneur de Bressuire, du connétable Anne de Montmorency, de Guillaume

Gouffier, de François de la Trémouille, vicomte de Thouars
(sur un fragment non publié par M. Delange, qui a fait autrefois partie de la collection de madame la Sayette), celles
enfin d'un autre Poitevin inconnu dont l'écusson est sculpté
sur la porte de deux petits manoirs, l'un du temps de
Louis XII, l'autre de François Ier. On y voit, en outre, la
salamandre de François Ier et les croissants de Henri II [1],
emblème inspiré par Diane de Poitiers, mais qui ne lui fut
jamais personnel, comme beaucoup l'ont cru, le sien étant
une flèche avec la devise : *Sola vivit in illa*.

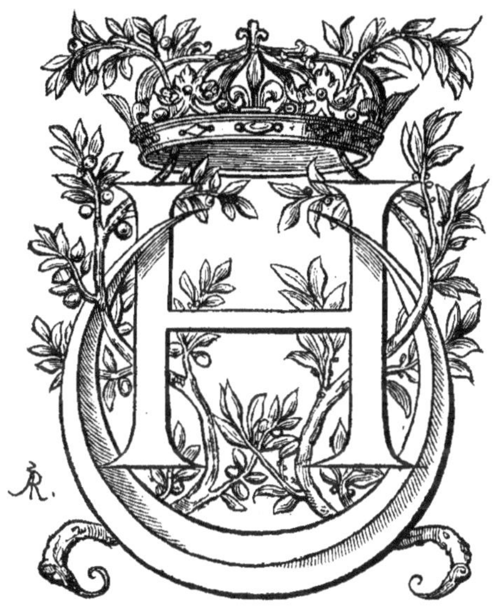

[1] Nous sommes heureux de pouvoir reproduire cette dernière
marque, qui a déjà paru dans la *Gazette des Beaux Arts*, et dont
M. Édouard Houssaye a bien voulu mettre la gravure à notre disposition.

» Chose singulière ! Palissy a connu les poteries d'Oiron, puisqu'il dit être allé à Thouars et avoir étudié les terres de la contrée; et pourtant il se tait sur le compte d'une vaisselle de luxe si bien faite pour attirer l'attention d'un praticien aussi expérimenté que lui. La cause d'un pareil silence est difficile à deviner, d'autant plus que l'officine Gouffier lui a fourni plus d'un motif d'ornementation, et, par une sorte de réciprocité, en a emprunté, en dernier lieu, plusieurs à ses propres productions.

» De ce fait indiqué par Palissy lui-même qu'il a étudié les poteries de Thouars, il ressort clairement que la coupe qui donna tant à songer au fameux potier était une faïence d'Oiron. Aucune poterie européenne de ces temps n'offrait les caractères indiqués dans l'*Art de terre*. Or, ce n'est pas un mince honneur pour nos compatriotes d'avoir fourni à un pareil homme l'occasion de donner l'essor à son génie. »

Nous nous sommes un peu étendu sur cette restitution aux fabriques du Poitou des faïences de Henri II, parce que c'est là un fait capital dans l'histoire de la céramique; nous ne pouvons nous appesantir aussi longuement sur les autres découvertes récentes; mais nous indiquerons pour les amateurs les écrits les plus remarquables où elles ont été consignées :

Les Terres émaillées de Bernard Palissy, par M. A. Tainturier, auquel on est déjà redevable de documents certains sur *Pont-de-Vaux,* où se fabriquaient les pièces monumentales en blanc rehaussé d'or, et d'une *Monographie sur les faïences d'Aprey;*

Histoire des faïences et porcelaines de Moustiers,

Marseille et autres fabriques méridionales, par M. J.-C. Davillier, connu déjà par une *Histoire des faïences hispano-moresques* ;

La faïence, les faïenciers et les émailleurs de Nevers, par M. L. du Broc de Segrange, ouvrage qui offre un grand intérêt par une foule de documents nouveaux sur les produits de Nevers et les artistes potiers qui ont contribué à illustrer cette fabrique.

Notre petit livret n'a pas la prétention de s'élever à la science de ces livres spéciaux sur la matière ; mais il a la certitude du moins de ne rien dire que de précis et d'exact : ce qu'il désire, c'est être le *vade-mecum* du collectionneur et de l'amateur, c'est pour cela qu'il n'a rien omis de ce qui était connu avant lui, tâchant en outre de dire bien des choses, peut-être ignorées jusque là. Il se présente à vous avec modestie, accueillez-le en ami ; pour vous plaire, il a mis ses plus beaux habits, et il espère que vous n'aurez pas à rougir de sa connaissance.

J. G.

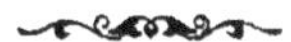

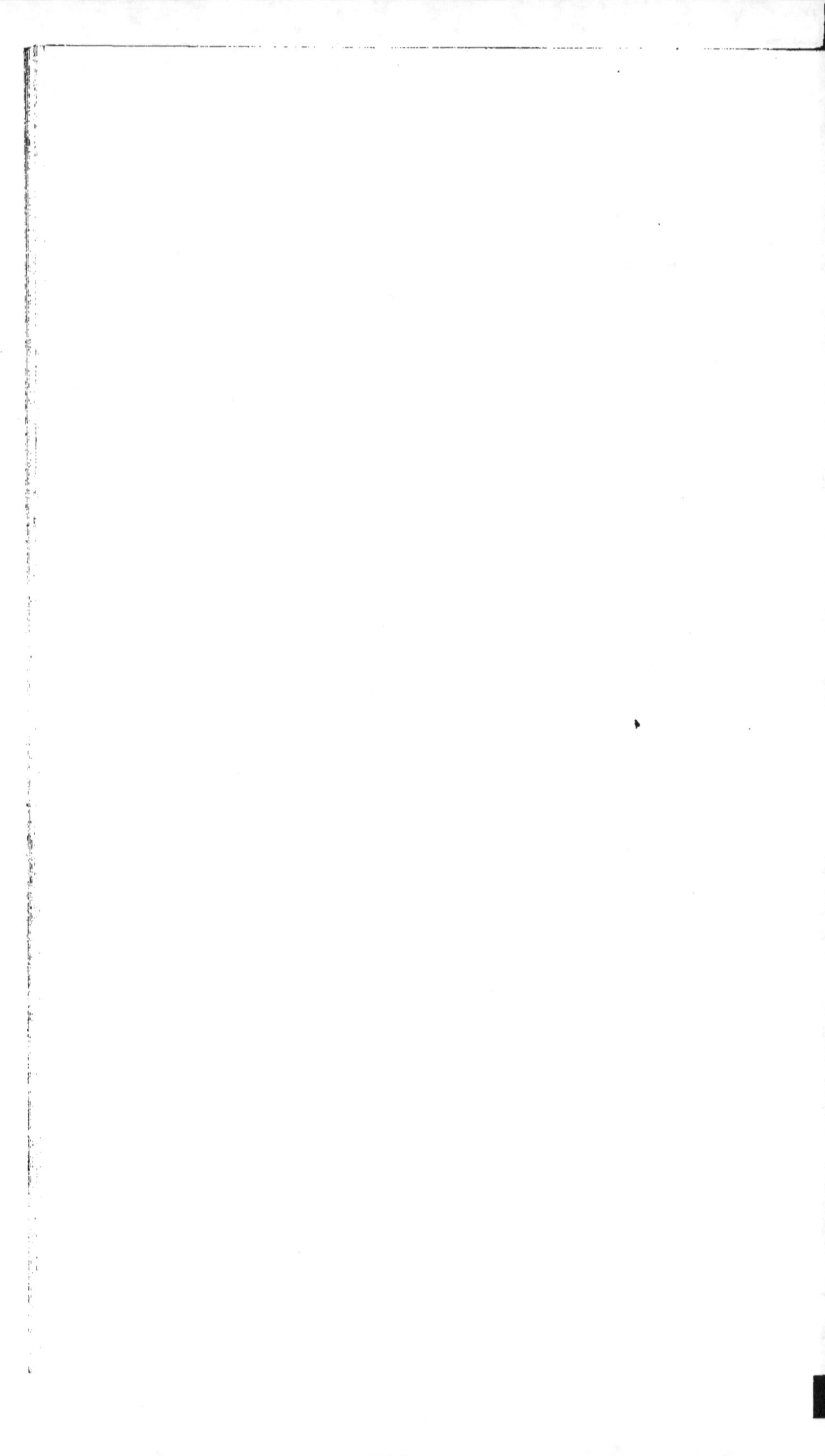

RECHERCHES HISTORIQUES

SUR

L'ANCIENNE POTERIE ÉMAILLÉE :

Terres cuites, Faïences, Grès et Porcelaines.

———

L'histoire de la Céramique n'a pas encore été faite ; et, si jamais elle l'est, il faut nous attendre à voir bien des années s'écouler avant qu'elle ne paraisse.

Car, pour écrire cette histoire, il faut qu'il se rencontre quelqu'un qui possède des connaissances spéciales acquises au prix de longues et laborieuses études, et qui puisse y consacrer la plus grande partie de son temps. Ainsi il existe bien en France, à notre connaissance, deux personnes parfaitement aptes à nous doter d'un si désirable ouvrage, profondément versées qu'elles sont dans la connaissance de l'art céramique. L'une de ces personnes est le savant et intelligent Conservateur du Musée impérial de Sèvres, M. Riocreux; et l'autre, le non moins érudit bibliothécaire de la ville de Rouen, M. Pottier. Mais ces deux honorables savants trouveront-ils, en dehors des occupations que leurs fonctions leur imposent, le temps nécessaire pour remplir une tâche qui exige un véritable travail de bénédictin? Nous faisons des vœux pour qu'ils le trouvent; car nous tenons de l'un d'eux que s'il ne nous donne pas une histoire complète de la Céramique, cela ne dépendra pas de sa volonté, mais bien du temps qui lui fera défaut.

Un assez grand nombre d'ouvrages traitant de la Céramique, peuvent bien suppléer en partie au manque d'une histoire générale; mais les plus remarquables [1] étant ou très-volumineux ou assez rares et par suite d'un prix élevé, n'étant pas à la portée de tout le monde et ne se trouvant même pas dans toutes nos bibliothèques publiques de province, il en résulte que, malgré la grande extension que le goût de la Céramique a pris chez nous depuis un certain temps, il est encore bon nombre de personnes à qui cet art est peu ou point connu.

[1] Consulter notamment : *Traité des Arts céramiques*, par Alex. Brongniart; *Collections towards a history of potery and porcelain*, par Marryat; *Istoria della pittura in majolica*, par Passeri; *Histoire et fabrication de la porcelaine chinoise*, ouvrage traduit du chinois par M. Stan. Julien; *List of marcks and monograms*, by Henry G. Bohn, 1857, London.

Nous avons pensé qu'il pourrait être agréable à ceux qui collectionnent des anciennes poteries, d'être mis à même de lire quelques aperçus historiques, résultats de nos études et de nos recherches, sur les origines des faïences émaillées, des grès et des porcelaines et les diverses phases que la poterie a parcourues, ainsi que des notions pouvant aider à reconnaître de quelles fabriques sont sorties chacune de ces poteries.

Tel est le but de ce travail.

I.

TERRES CUITES, MAJOLIQUES ET FAIENCES

TERRES CUITES DE LUCA DELLA ROBBIA.

N'ayant en vue que de familiariser avec la Céramique, et non de dispenser d'une étude approfondie ceux qui nous liront, sans remonter au temps où l'art d'émailler et d'orner la poterie a pris naissance, nous nous bornerons à constater que ce fut Luca della Robbia, d'abord orfèvre, puis sculpteur, né à Florence en 1388, qui apporta le premier d'importants perfectionnements à l'art du potier.

Ses premiers ouvrages furent en argile non revêtue de vernis : mais, après de nombreuses expériences, il parvint d'abord à trouver un émail opaque, blanc et brillant qui lui permit de donner à ses productions un fond aussi dur que poli, et bientôt après, mêlant à cet émail diverses couleurs, il put faire ressortir les figures de ses compositions, en les faisant détacher en blanc sur fond de couleur, ou en couleur sur fond blanc.

Mort à l'âge de 40 ans (en 1428), Luca della Robbia n'a pu laisser de bien nombreuses productions; mais ses frères et leurs descendants continuèrent ses travaux pendant plus d'un siècle et produisirent une grande quantité d'œuvres céramiques qu'on ne peut distinguer de celles du grand maître qu'au moyen de la date qui s'y trouve parfois inscrite.

Les œuvres des della Robbia, qui consistent presque toutes en bas et plein-relief représentant particulièrement des sujets religieux, ne sont guères sorties de l'Italie, où elles sont restées fixées aux murs de ses palais et de ses églises dont elles contribuent grandement à faire l'ornement. Aussi ne s'en trouve-t-il que bien peu en France. C'est au Musée de Cluny que l'on rencontre le plus beau et le plus considérable spécimen des terres cuites de Luca della Robbia. Il représente la Vierge et les Anges adorant l'enfant Jésus, sujet favori de l'artiste. Sur un fond bleu l'on voit les figures, heureusement groupées et finement exécutées, se détacher en blanc : une guirlande composée de feuilles et de fruits émaillés de vert, entoure ce chef-d'œuvre.

MAJOLIQUES ITALIENNES.

Ce n'est qu'avec le XVIe siècle que la faïence émaillée commença à briller d'un vif éclat. Les premiers qui s'illustrèrent dans cet art furent : à Gubbio, Georgio Andreoli, dit maëstro Giorgio (vers 1519); à Pesaro, les frères Orazzio et Flaminio Fontana (vers 1540); à Urbino, Francesco Xanto Avelli et Battista Franca (aussi vers 1540); et à Faënza, Guido Selvaggio (vers 1560); puis, parmi les habiles artistes que l'Italie produisit en grand nombre, on vit à Castelli, dans les Abruzzes, au commencement du XVIIe siècle, la famille des Grue se distinguer par l'exquise décoration de ses faïences. Au nombre des plus remarquables élèves de cette famille on compte, Gentile, Fuina et les frères Giustiniani.

La faïence dite majolique paraît avoir été faite, pour la première fois, à Faënza et à Pesaro, puis successivement à Gubbio, Castel-Durante, Florence, Urbino, Perugia, Montelupo, Naples et autres villes de l'Italie.

On n'est pas plus d'accord sur l'origine du mot majolique que sur celle du mot faïence, appliquée à la poterie émaillée.

Plusieurs, entr'autres l'historien de Thou, veulent que ce dernier mot soit tiré de Fayence, petite ville de France, située en Provence près de Fréjus, qui aurait possédé depuis un temps fort reculé des fabriques considérables de poteries et verreries. D'autres le font dériver de Faënza, cet antique berceau et grand entrepôt de la poterie émaillée italienne.

Il faut bien le reconnaître, la première opinion n'a guère de crédit qu'en France, tandis que la seconde est admise généralement non-seulement en Italie, mais encore en Allemagne et en Angleterre.

Quant à nous, comme on ne cite aucune ancienne poterie remarquable provenant de Fayence, tandis que l'on en possède de nombreux spécimens qui ont été faits à Faënza, nous sommes disposés à partager l'avis des derniers, d'autant plus volontiers que les premières faïences que l'on vit en France, alors que les procédés de fabrication y étaient encore inconnus, venaient toutes de l'Italie et plus particulièrement de Faënza.

A l'égard du mot majolique (en italien maïolica), il devrait, suivant les uns, son origine à la famille des Maïoli de Ferrare, qui, de la fin du XVe siècle au commencement du XVIe, furent zélés protecteurs des beaux arts, et il dériverait, suivant les autres, de Majorque (Maïorica), île principale du groupe des Baléares, d'où la poterie mauresque aurait été apportée en Italie par les Pisans dès le XIe siècle.

Ce qui milite en faveur de cette dernière opinion, c'est que ce sont les Maures-Espagnols (très-avancés dans l'art céramique ainsi que le prouvent les magnifiques vases de l'Alhambra dont parle M. de Laborde dans son *Voyage en Espagne*) qui apprirent aux Italiens leurs modes et procédés. La grande similitude de caractère des décorations hispano-arabes et italiennes ne peut laisser aucun doute à cet égard.

Les Arabes, qui tenaient de l'Orient l'art de décorer la poterie, l'introduisirent, lors de leur domination en Espagne, dans l'Italie supérieure, d'où cet art s'est répandu ensuite sur les autres points de l'Europe, perfectionné par les Florentins.

La décoration de la majolique fut portée à un si haut degré de perfection, qu'on n'a pas craint d'avancer que la peinture de certaines pièces a été faite sur des dessins de Raphaël, et bien plus, que cet illustre maître n'a pas dédaigné d'en peindre lui-même. En l'absence de témoignages positifs, le doute est d'autant plus permis que Raphaël mourut en 1520 et que les plus belles majoliques furent faites plutôt après qu'avant cette époque.

En effet, c'est seulement de 1540 à 1560 que la majolique fut dans son état le plus florissant, et c'est pendant ce court espace de temps que furent exécutées les œuvres les plus remarquables de ce genre de poterie.

Des majoliques, sous forme de vases, plats ou assiettes, ornées d'un portrait de femme avec, presque toujours, un nom de baptême au-dessous, se rencontrent assez communément. Elles sont généralement remarquables par la beauté de la femme et par les richesses du costume. On attribue ces majoliques (dites *Amatorie*) à une mode, qui eut lieu en Italie parmi les riches gentilshommes, de faire faire ainsi le portrait de leurs fiancées ou maîtresses et de le leur offrir en présent. C'est surtout vers la fin du XVIe siècle que cette mode aurait acquis son plus grand développement.

A partir de 1560, le caractère artistique de la majolique déclina et cessa presque d'exister avant la fin du siècle, mais il commença à renaître, notamment à Naples, au commencement du siècle suivant, ainsi qu'en témoignent les œuvres remarquables des Grue et de leurs nombreux élèves.

TERRES CUITES DE BERNARD PALISSY.

Malgré les grands perfectionnements apportés en Italie à l'art d'émailler la poterie par suite de la découverte de Luca della Robbia, dès le commencement du XVe siècle, et les développements considérables que cet art avait pris dans les premières années du siècle suivant, les procédés de fabrication étaient encore entièrement inconnus en France quand un homme devenu célèbre, un Français, entreprit de découvrir les moyens d'émailler la terre cuite, à l'imitation de la faïence italienne, appelée *terra invetriata* ou *majolica*.

Cet homme, c'est Bernard Palissy, né à Agen; il devint potier à Saintes, où, pendant quinze années, il se livra sans relâche à de laborieux et pénibles essais. — Pour se faire une idée de son courage et de sa persévérance, il faut lire, dans les écrits qu'il nous a laissés, tout ce que lui et sa famille ont enduré de privations pendant tout ce temps et surtout quand, ses nombreuses et infructueuses expériences ayant épuisé toutes ses ressources, il sacrifia ses derniers meubles et jusqu'à ses derniers vêtements. On y verra combien d'angoisses, combien de défaillances il dut éprouver jusqu'au jour où il atteignit enfin le but qu'il s'était proposé.

Les premières œuvres de Palissy datent de 1555, et elles lui acquirent promptement un tel renom, que la reine, Catherine de Médicis, le fit venir à Paris pour faire au Louvre des travaux de son art et l'autorisa à prendre le titre d'*Inventeur des Rustiques figulines* [1] *ou Poteries du Roy et de la Royne, sa mère.*

On voit, par une pièce manuscrite de la Bibliothèque Impériale, intitulée : « Etat de dépense de Catherine de Médicis de 1570 (suppl. frs, no 1921, fo 31), » que le célèbre potier eut pour aides ou collaborateurs dans ses travaux, au moins dans ceux du Louvre, Nicolas et Mathurin Palissy.

Nous croyons devoir donner un extrait de cette pièce, persuadé que nous sommes qu'on ne le lira pas sans intérêt :

« A Bernard, Nicolas et Mathurin Palissis, sculp
» teurs en terre, la somme de quatre cens livres
» tournoys, à eulx ordonnancée par la dicte dame
» du Peron........ sur et tant moings, pour tous les

---

[1] Du latin *figulina*, qui signifie toutes sortes d'ouvrages de poterie.

» ouvraiges de terre cuicte esmaillée qui restaient à
» faire pour parfaire et parachever les quatre pons
» au pourtour de dedans la grotte encommencée
» pour la Royne en son pallais à Paris, suivant le
» marché faict avecq eulx.......... audit an mil cinq
» cens soixante et dix..... pour ce, cy en dépense la
» dicte somme de. . . . . IIIIᶜ L.

 » Ausdicts Palissis cy-dessus nommez pareille
» somme de quatre cens livres tournoys..... oultre
» et pardessus les autres sommes de deniers qu'ilz
» ont par cy-devant receu, en, sur et tant moings
» de la somme de deux mil six cens livres tournoys,
» pour tous les ouvraiges de terre cuicte esmaillée
» qui restent à faire pour parfaire et parachever les
» quatre pons au pourtour du dedans de la grotte
» encommencée pour la Royne en son pallais lez le
» Louvre à Paris, suivant le marché de ce faict avec
» eulx... le vingt sixiesme jour de febvrier mil cinq
» cens soixante et dix..... pour ce, cy en despense
» la dicte somme de . . . . IIIIᶜ L. »

Nicolas et Mathurin Palissy étaient-ils fils, frères
ou neveux de Bernard ? c'est ce que l'on ne peut
dire ; rien de précis n'ayant fait connaître jusqu'à
ce jour quel degré de parenté existait entre les trois
Palissy.

Nous ferons remarquer que, dans la pièce dont
nous venons de donner un extrait, le nom de Palissy
est constamment écrit ainsi : *Palissis*. Or, si le ré-
dacteur de cette pièce s'est conformé, comme il y a
lieu de le croire, aux signatures qu'il avait reçues

déjà plusieurs fois du célèbre potier, la véritable orthographe du nom serait Palissis et non Palissy suivant l'usage consacré.

En tout cas, la question, qui s'est élevée il y a plusieurs années, de savoir si l'on devait dire Bernard Palissy ou Bernard de Palissy, trouve là sa solution.

On savait que Palissy, pendant son séjour au Louvre, y avait établi ses ateliers, mais on n'était pas bien fixé sur l'emplacement qu'ils occupaient, lorsque, en 1855, des terrassements faits dans le jardin des Tuileries pour la réparation des conduites de la pièce d'eau du côté de la terrasse en face des appartements de l'Empereur mirent au jour plusieurs débris de plats à reptiles et à bas-relief, en terre cuite émaillée. L'un de ces débris, recueilli par M. Riocreux pour le musée de Sèvres, a été reconnu provenir d'un plat de forme ovale, dit *au baptême,* sujet bien des fois reproduit par Bernard Palissy.

Ce plat, rendu défectueux par un excès de cuisson, ainsi qu'on peut le voir par le fragment trouvé, aura été brisé par l'artiste lui-même. Palissy dit en effet dans ses dissertations sur l'art céramique, qu'il brisait tout ce qu'il ne trouvait pas parfait à son défournement.

Cette découverte de débris de plats, jointe à d'autres circonstances, autorise à croire que là où ils ont été trouvés étaient établis les ateliers de Palissy pendant qu'il travaillait au Louvre.

A en juger d'après la quantité de pièces que ren-

ferment les musées du Louvre, de Cluny et de Sèvres, ainsi que les collections particulières, les œuvres de Palissy ont été, sinon très-variées (car il
s'est répété souvent), du moins fort nombreuses.

La terre cuite ou faïence émaillée de ce grand
maître a un caractère qui lui est propre, n'ayant
pas d'analogie avec la majolique; ce qui prouve que
Palissy ne connaissait pas les procédés employés par
les Italiens, ou du moins qu'il ne s'en est pas servi.
En effet, les émaux de Luca della Robbia sont principalement jaunes, verts, bleus et violets, tandis que
ceux de Palissy, un peu plus variés, se composent
d'un jaune assez pur, d'un jaune d'ocre, d'un beau
bleu indigo, d'un bleu grisâtre, de deux espèces de
vert, l'un jaunâtre et l'autre émeraude, d'un violet
et d'un brun tirant sur cette dernière couleur.

Quant au blanc de Palissy, loin d'égaler en pureté
et en éclat celui de Luca, il est grisâtre ou tire légèrement sur le jaune.

Les œuvres de Palissy consistent en grottes ou
rustiques (comme il les appelle), figurines, fon-
taines, coupes, vases et surtout en plats représentant en relief, soit des sujets religieux, historiques,
mythologiques ou allégoriques, soit des reptiles,
poissons, coquilles et autres objets naturels, d'une
telle vérité qu'on ne peut douter que chaque objet
n'ait été exécuté sur nature.

En outre de ces plats qui, surchargés d'objets en
relief, n'étaient évidemment destinés qu'à l'ornement des buffets et dressoirs qu'on voyait dans

toutes les salles à manger du temps, il en est d'une autre espèce qui, décorés seulement d'ornements à peine en relief, semblent avoir été faits pour le service de la table, et particulièrement pour recevoir les confitures; ceux destinés à ce dernier usage, appelés drageoirs, sont généralement découpés à jour avec beaucoup d'art et de délicatesse. On peut en voir au musée de Chartres un très-beau spécimen qui est dans un état de parfaite conservation.

Parmi les imitateurs ou continuateurs de Bernard Palissy, qui furent nombreux, aucun ne l'a surpassé, et quelques-uns seulement sont parvenus à l'égaler. Au nombre de ceux-ci, Antoine Cléricy et Fonteny peuvent seuls être cités.

Les produits de l'éminent artiste se distinguent surtout par l'accentuation des reliefs, l'exquise délicatesse des détails, le vif éclat et la richesse des émaux qui ont certains reflets métalliques qui ne s'acquièrent que par le temps.

Il est facile, ainsi que nous le ferons voir dans notre quatrième partie, de ne pas confondre les œuvres propres du maître avec celles de ses continuateurs qui ne réunissent jamais, ou du moins très-rarement, au même degré les qualités que nous venons d'énumérer.

Cependant on rencontre des imitations, en bien petit nombre, il est vrai, que l'on a peine à distinguer des œuvres de Palissy. Nous rangerons au nombre de celles-ci un magnifique plat que l'on remarque parmi la collection céramique du musée de

Cluny. En effet, ce plat, de forme ovale, représentant Henri IV assis près de la reine et entouré de ses enfants ainsi que de plusieurs grands de la cour, possède à un tel point toutes les qualités qui font le mérite des pièces de Palissy, que l'on ne saurait hésiter un seul instant à le considérer comme l'une de ses œuvres si le sujet représenté n'indiquait pas que ce plat n'a pu être fait qu'à une époque postérieure à la mort du célèbre potier.

Certaines personnes attribuent ce plat à Nicolas ou à Mathurin Palissy qui seraient, suivant elles, fils et continuateurs de Bernard.

Le midi de la France, l'Allemagne et surtout Nuremberg ont produit la plupart des imitations.

Ce genre de faïence, auquel le nom de Palissy a été donné, avait cessé d'être fabriqué en France pendant assez longtemps, mais depuis plusieurs années on l'a vu reparaître et il s'en fait aujourd'hui, non sans succès, à Tours, par Charles Avisseau [1] et Langeais son neveu, et à Paris, par Barbizet et par Pull; ce dernier surtout est arrivé à un tel degré de perfection, qu'il rivalise en quelque sorte avec le maître.

Des porcelaines, à l'imitation des faïences de Palissy, se fabriquent aussi à Limoges.

---

[1] Depuis que ceci a été écrit, Avisseau est mort le 6 février 1861, laissant son fils Edouard Avisseau, continuateur de ses œuvres.

FAÏENCE DITE DE HENRI II.

Vers 1540, au moment où Palissy se livrait à ses premières recherches, apparaissait en France un genre de poterie dont nous ne dirons que quelques mots, attendu son caractère exceptionnel. Cette poterie dont la fabrication n'a pas eu de suites et à laquelle on donne aujourd'hui le nom de *faïence de Henri II* [1], paraît être l'œuvre d'un artiste florentin, appelé par François Ier, à l'instigation de Catherine de Médicis, qui contribua beaucoup à la propagation du goût de la majolique en France. Cette faïence, dont la pâte a de l'analogie avec celle dite *terre de pipe*, semble faite manuellement et au pouce. Elle ne rappelle en rien le travail du potier, mais bien celui de l'orfèvre.

La fabrication en cessa, à la mort de Henri II, en 1559; aussi les spécimens en sont-ils d'une rareté telle, tant en France qu'à l'étranger, qu'on peut les compter, et que lorsqu'il s'en trouve un mis en vente le prix s'en élève à un chiffre incroyable.

[1] A ceux qui voudraient avoir d'amples renseignements sur cette faïence, nous ne saurions trop recommander le remarquable ouvrage publié par M. Delange intitulé : *Recueil de toutes les pièces connues jusqu'à ce jour de faïence française dite faïence de Henri II et Diane de Poitiers*, dessinées par Carle Delange.

On peut voir au musée de Sèvres une délicieuse coupe qui est sans contredit l'une des plus belles pièces de ce genre de poterie.

FAÏENCES ÉMAILLÉES.

Dès les premières années du XVIIe siècle, la faïence émaillée se perfectionna d'une manière très-sensible, et du milieu à la fin de ce siècle sa fabrication prit la plus grande extension. — Ce fut alors que parmi les nombreuses fabriques de France l'on vit Nevers, Rouen, Avignon, Marseille, Moustiers, Beauvais, Haguenau, Niederviller, Lunéville, Saint-Cloud et Sceaux, s'élever au premier rang. A ces noms, il nous faudrait en ajouter beaucoup d'autres si nous voulions citer toutes les fabriques qui se sont distinguées en France, mais telle n'est pas notre intention, nous proposant de ne nous occuper que des fabriques dont les produits sont le plus recherchés des amateurs et dont on rencontre le plus généralement des spécimens dans les collections.

Nevers. — Suivant une version généralement admise, les fabriques de Nevers remonteraient aux premiers temps, mais elles n'auraient commencé à devenir célèbres qu'à partir de 1565 ou 1570, lorsque Louis de Gonzague, parent de Catherine de Médicis, devenu duc de Nevers, fit venir d'Italie des artistes et des modèles.

De son côté, de Thou dit que ce serait vers 1600 que les procédés de fabrication auraient été apportés de Faënza à Nevers.

Enfin on lit dans le *Traité des Arts Céramiques* de Brongniart que Nevers est un des lieux les plus renommés en France et même en Europe pour ses anciennes fabriques de faïence, les premières créées en France.

Celles de ces fabriques qui eurent le plus grand renom furent : durant le XVIIe siècle, la fabrique de Custode, qui vivait en 1640 ; et, au XVIIIe siècle, celle de Jacques Senlis.

Les faïences de Nevers eurent d'abord, tant par leur forme que par leur décoration, une grande analogie avec les majoliques d'Italie. Mais ce caractère, qu'elles devaient aux artistes venus de ce pays, se modifia peu à peu, sans cependant perdre de son mérite, entre les mains d'artistes français et hollandais.

Alors se produisirent les imitations des faïences hollandaises de Delft ; celles de Perse, à fond bleu d'azur foncé relevé d'ornements généralement blancs, et ces faïences qui présentent, avec une grande perfection, la forme, l'émail, les ornements et les couleurs des porcelaines chinoises.

Tous ces divers genres du plus grand mérite, et qui ont surtout rendu si célèbres les fabriques de Nevers, sont attribués à Custode.

Les décorations de Nevers, toujours d'un très-beau style, sont ou polychrômes ou bleues, sur fond blanc.

Dans les polychrômes, les couleurs qui ont beaucoup d'éclat et se rencontrent fréquemment sont rouge-brique, orange, vert, bleu et brun violacé, mais les couleurs favorites sont bleu et orange.

Très-peu de faïences de Nevers portent soit une marque, soit un monogramme d'artiste. On en rencontre cependant au revers desquelles se trouve la lettre N grossièrement tracée, ou les lettres J et S enlacées; cette dernière marque est considérée suivant certains auteurs, comme étant celle de Jacques Senlis, dont nous avons parlé plus haut, et suivant d'autres, celle de Jacques Seigne, autre potier à qui sont attribuées plusieurs pièces faisant partie du musée de Sèvres.

ROUEN. — Les premières fabriques de Rouen sont-elles aussi anciennes que celles de Nevers, ou n'ont-elles été établies que plusieurs années après celles-ci ? c'est ce qu'on ignore. Mais ce qui est certain, c'est qu'elles devaient jouir déjà d'une assez grande réputation du temps de François Ier, puisque ce roi y fit faire les pavés du château d'Ecouen, ainsi qu'en témoigne l'inscription répétée en plusieurs endroits sur ces belles faïences. « A Rouen. 1542. » En tout cas ces fabriques, qui se trouvent mentionnées dans la réglementation des établissements français sous Henri IV, sont devenues, tellement célèbres dans la suite, qu'elles ont fait surnommer Rouen le Delft français.

L'époque la plus florissante de la fabrication

rouennaise date de 1660 à 1780. Aussi les pièces qui se trouvent dans les collections appartiennent-elles presque toutes à la dernière période du XVIIe siècle ou à la première du XVIIIe, et surtout à l'époque où Louis XIV et, à son exemple, les grands seigneurs de sa cour envoyèrent à la Monnaie leur argenterie, pour y être fondue afin de subvenir aux frais de la guerre, en 1714, et remplacèrent cette argenterie par de la faïence.

C'est à cette occasion que fut fondée à Rouen la fabrique privilégiée qui marquait ses produits d'une fleur-de-lis.

Le caractère des faïences de Rouen, surtout celles de la fin du XVIIe siècle, est le même que celui des faïences de Nevers; aussi est-il difficile de ne pas confondre une grande partie des faïences rouennaises avec celles de fabrication nivernaise, telles, entr'autres, les imitations des faïences hollandaises. Dans les pièces de l'une et de l'autre fabrication, le fond est tout-à-fait identique, et ce n'est que dans les ornements qu'un œil exercé peut trouver quelques différences.

Rouen a fait des faïences perses à fond bleu enrichi d'ornements floriformes à l'imitation de celles de Nevers, avec lesquelles on pourrait aisément les confondre, si une légère différence dans la nuance du fond n'existait, — celui des pièces de fabrication nivernaise étant d'un beau bleu d'azur foncé, tandis que celui de provenance rouennaise tire sur le violet.

Cette grande analogie est due à ce que les procédés de fabrication ont été apportés de Nevers à Rouen par des ouvriers transfuges.

Cependant Rouen a produit des faïences dont le système de décoration lui est particulièrement propre. Parmi celles-ci nous citerons celles à ornements rouges et bleus dont le style est toujours riche et élégant, et celles à décoration multicolore, dites *à la corne*.

Ces dernières ont reçu cette dénomination parce qu'elles représentent invariablement, sur un fond blanc, une ou deux cornes d'abondance versant des fleurs aux couleurs les plus éclatantes parmi lesquelles dominent le rouge, le jaune, le vert et le bleu; des oiseaux et des papillons voltigent autour de ces fleurs.

Ces faïences, qui datent généralement de la seconde période du siècle dernier, recherchées en France et même à l'étranger (des Anglais en firent il y a quelques années une véritable razzia à Rouen), se trouvaient autrefois assez communément; mais aujourd'hui on n'en voit plus que bien rarement chez les brocanteurs, des mains desquels elles sont passées pour aller orner les collections.

C'est dans le charmant système décoratif d'arabesques dessinés, sur fond blanc, en bleu rehaussé de rouge ou en bleu seulement, — propre à Rouen tout autant qu'à Nevers et à Delft, — que les artistes rouennais ont excellé; surtout ceux de la première moitié du XVIIIe siècle.

On rencontre en effet parmi les faïences de ce

genre provenant des fabriques de Rouen, des pièces
décorées avec une habileté et une richesse d'exécution que l'on ne peut trouver que dans les plus
belles productions nivernaises, encore certaines
d'entr'elles sont elles supérieures à ces dernières
par la légéreté de leurs arabesques et la délicatesse
de leurs ménagés blancs.

Parmi les nombreux artistes qui ont rendu si
célèbres les fabriques de Rouen, on cite Poirel de
Grandval, Louis Potrat, sieur de Saint-Etienne et
André Pottier [1]. C'est à ce dernier, qui vivait dans
la seconde période du siècle dernier, que l'on attribue les plus belles pièces de faïence dite *à la corne*.

Le plus grand nombre des faïences de Rouen ne
sont pas marquées; et, parmi les marques données
comme appartenant à la fabrication rouennaise,
plusieurs sont douteuses. Quant au monogramme
P Æ, que l'on trouve inscrit en rouge-brique et
précédé d'un R au revers de belles pièces polychrômes, on le regarde généralement comme étant
celui d'André Pottier. — La fleur-de-lis est la seule
marque bien certaine.

BEAUVAIS. — On fait remonter à une très-grande
antiquité les premières fabriques des environs de
Beauvais — surtout celles de Savignies — qui, suivant
une très-ancienne légende, religieusement conservée
jusqu'à ce jour dans ce dernier pays, auraient été

---

[1] Bisaïeul du savant bibliothécaire de la ville de Rouen.

visitées par Jésus-Christ accompagné de saint Pierre.

Se fondant, non sur l'autorité de cette légende, mais sur les nombreux débris de vases gallo-romains que l'on a découverts et que l'on découvre encore dans presque toutes les fouilles faites à l'intérieur et aux environs de Savignies, plusieurs écrivains pensent que ces fabriques existaient déjà lors de l'occupation romaine.

Quelques-uns citent, à l'appui de cette opinion, Strabon qui aurait eu en vue les fabriques de Beauvais en rapportant *(Strabonis rerum geograp.,* lib. VI, p. 200) que les Gaulois faisaient commerce avec les habitants des îles Cassiterides [1] et Britanniques auxquels ils donnaient de la vaisselle de terre en échange d'autres produits.

M. de Cambry, dans sa description du département de l'Oise, dit que, près de Breteuil (sept lieues nord de Beauvais), sur l'emplacement présumé de Brantuspantium des anciens, on trouve, avec de nombreux débris de poteries rouges à relief, des vases en terre commune de forme élégante, ayant une grande ressemblance avec ceux qui se font encore aujourd'hui dans le voisinage; à Savignies, à la Chapelle-aux-Pots, etc. Mais ces derniers vases sont-ils de la même époque que les poteries rouges à relief et comme celles-ci de fabrication romaine ? Suivant A. Brongniart, il est permis d'en douter.

Une preuve incontestable de l'existence de ces fa-

[1] Nommées aujourd'hui Scilly ou Sorlingues.

briques — sinon sous l'occupation romaine — au moins à une époque encore fort éloignée de nous, est la découverte d'un four, d'une dimension moindre de beaucoup que celle des fours aujourd'hui en usage, trouvé lors de fouilles qu'un potier de Savignies fit faire, vers 1857 ou 1858, pour donner plus d'extension à son établissement.

Lorsque ce four fut découvert, il était encore garni de poteries n'ayant pas été défournées et paraissant remonter à plusieurs siècles. Au nombre de ces poteries, se trouvait une assez grande quantité de petits vases ayant la forme de ces terrines servant naguère de lampions dans nos fêtes publiques.

Ces vases étaient destinés à contenir l'eau sainte employée dans les cérémonies funèbres, et, comme ils ne devaient jamais servir plus d'une fois à cet usage, ils étaient brisés aussitôt l'inhumation faite ou placés dans la fosse auprès du corps. On trouve en effet assez souvent de ces petits vases dans les anciennes sépultures que l'on découvre de temps à autre en Picardie et en Normandie.

C'est sans doute lors d'une des nombreuses guerres qui ravagèrent la France pendant la plus grande partie du XVe siècle (peut-être lors de l'invasion bourguignonne) que ce four, abandonné précipitamment par les potiers forcés de fuir devant quelque parti ennemi, aura été, à la suite de pillage et d'incendie, recouvert de décombres sous lesquels il est resté jusqu'au jour où des fouilles l'ont fait découvrir.

Quelle que soit du reste l'époque de la création des fabriques de Beauvais, ce qui est hors de doute, c'est qu'elles existaient déjà vers le milieu du XV⁰ siècle, ainsi que le prouvent les lettres-patentes du Roi, de septembre 1456, concernant les droits à percevoir sur les poteries de Beauvais, et que, dès les premières années du XVI⁰ siècle, elles jouissaient déjà d'un très-grand renom.

Rabelais fait entrer dans la composition du trophée burlesque dressé par Panurge « une breusse » où ils saulsoyent, une salière de terre et un guo- » belet de Beauuoys » (*Pantagruel*, chapitre xxvii⁰, livre II). Et Hermant, qui écrivait du temps de Louis XIV, dit que la terre de Savignies fournissait de pots et vaisselle la France et les Pays-Bas.

Ce qui prouve du reste que l'on faisait grand cas des produits de Savignies, c'est que, en maintes circonstances, il en a été offert en présent aux rois et aux grands personnages.

Les archives de Beauvais font connaître en effet que le Corps-de-ville présenta un vase de Savignies au roi de France, le 17 octobre 1434, et les registres capitulaires nous apprennent que François I⁰ʳ passant par Beauvais pour se rendre à Arras, le chapitre diocésain, suivant une délibération du 16 mai 1520, décida qu'il serait offert à la Reine, qui accompagnait le Roi dans son voyage, des bougies et *des vases de Savignies*. Une autre délibération du 4 décembre 1536 porte qu'on fera présent au Roi d'un *buffet de Savignies*. De semblables hom-

mages furent encore faits au Roi suivant deux déli-
bérations, l'une du 6 août 1540 et l'autre du 16 juillet
1544. Enfin, le 3 janvier 1689, un présent de même
nature fut offert à la reine d'Angleterre à son passage
à Beauvais, lorsque, s'enfuyant de Londres, elle se
rendit de Calais à Saint-Germain.

Le musée de Sèvres possède plusieurs spécimens
pouvant donner une idée de la nature de ces produits
de Savignies qu'il était d'usage à Beauvais d'offrir
aux rois lorsqu'ils passaient par cette ville.

Au musée de Beauvais figure aussi un très-beau
plat de grande dimension et recouvert d'un enduit
ou émail entièrement rouge-brun ou marron, qui
évidemment est une de ces offrandes.

On y voit, dessinés en relief, les symboles des
divers épisodes de la Passion, entremêlés de sept
écussons disposés en cercle. Un de ces écussons,
surmonté de la couronne ouverte fleurdelisée, contient les armes de France ; un autre, surmonté
également d'une couronne fleurdelisée, offre les armes de France, parti de Bretagne ; un troisième,
avec une couronne fermée, non ornementée de
fleurs-de-lis, représente les armes écartelées de
France et de Dauphiné ; et un quatrième, accompagné d'une couronne de fantaisie, contient deux
étoiles à huit pointes et un pal. Au-dessus des
étoiles, on lit le nom de *Masse*, qui est évidemment
celui de l'artiste. Quant au pal, il indique que le
plat est bien d'origine picarde, puisque cet emblème
figure dans les armes de la ville de Beauvais. Chacun

des autres écussons renferme un monogramme : celui de *Jésus-Christ*, celui de *Jésus Maria*, et celui d'*Ave Maria*.

Le centre du plat est occupé par le chiffre de Jésus orné de rayons et entouré de huit écussons plus petits que ceux dont nous venons de parler ; entre chaque se trouve une des huit lettres formant les mots *Ave Maria*. Ces écussons, surmontés de couronnes fleurdelisées, contiennent alternativement l'un une fleur-de-lis, l'autre le chiffre $\mathfrak{R}$.

Enfin, sur le bord intérieur, on lit en lettres gothiques : **O vos ōnes qui trāsitis per viā attendite et videte si est dolor similis sicut dolor meus. Pax vobis. † Fait en décembre MVᶜXI** .

M. A. Chabouillet, dans la *Revue archéologique* (t. X, p. 354), décrit un plat conservé au cabinet des médailles et antiques de la Bibliothèque Impériale [1], en tout semblable à celui du musée de Beauvais (sauf l'émail qui est vert au lieu d'être rouge-brun) et portant le même millésime.

Se fondant sur la date, M. Chabouillet pense que ce plat a été fabriqué sous Louis XII, et il explique la contradiction qui semble exister entre cette date et le monogramme des petits écussons (dans lequel

---

[1] Nous connaissons trois autres plats pareils à ceux du musée de Beauvais et de la Bibliothèque impériale : l'un se voit au musée de Sèvres et les deux autres faisaient partie de la collection Soltykoff ; — lors de la vente de cette collection, le prix de l'un de ces plats s'est élevé à 300 fr.

il croit voir un K, chiffre de Charles VIII), en supposant que les moules faits sous le règne de ce dernier roi servaient encore, en en changeant seulement le millésime, sous Louis XII.

Quant à nous, qui ne saurions voir dans la forme de ce monogramme la lettre K, mais bien les lettres F. R., nous hasarderons cette supposition : c'est que le dernier chiffre du millésime pris pour un ℨ pourrait bien être un 𝔙, dont partie ne serait pas visible, n'étant pas sortie en relief lors du moulage ou s'étant effacée lors du vernissage. S'il en était ainsi, la date véritable serait 1515 au lieu de 1511 ; alors ce plat eût été fait pour être offert à François Ier à l'occasion de son avènement au trône, et le monogramme serait bien F. R. *(Franciscus Rex)*.

On rencontre encore de temps à autre des plats de Savignies du milieu du siècle dernier. Ils représentent généralement les emblèmes de la Passion ou un semis de fleurs-de-lis, dessinés en creux sous un enduit à base de plomb vert, jaunâtre ou brun-rouge, enrichi quelquefois d'ornements rougeâtres ou d'un blanc grisâtre. La plupart de ces plats portent à l'intérieur le nom du potier et la date de la fabrication.

Des nombreuses fabriques de poterie vernissée, dite *plommure* ou *plombure*, qui fonctionnaient jadis à Savignies, il n'en existe plus qu'une ou deux dont les produits communs sont destinés aux usages domestiques.

Lhéraule, canton de Songeons, a été aussi le siège

d'une très-ancienne fabrique dont les premiers produits auraient, dit-on, précédé ceux de Bernard Palissy. Nous ne savons à quel point cela est vrai, mais en tout cas les pièces que l'on nous a montrées, comme étant des anciens produits de cette fabrique, n'ont que bien peu de rapports avec les faïences du célèbre potier d'Agen et ne brillent ni par la forme, ni par l'émail. Ils sont, comme ceux de Savignies, en argile recouverte d'un enduit plombifère vert ou brun-marron, avec ornements de couleurs indécises, tirant sur le blanc, le jaune et le rouge.

Les pièces représentant des statuettes de saints, des crucifix ou des bénitiers sont grossièrement façonnées.

Enfin l'on cite dans les environs de Beauvais, près de Goincourt, une fabrique de faïence dite *l'Italienne*, fondée en 1795 par MM. Michel. Les figurines et les groupes, en faïence émaillée, décorées de couleurs tranchées sur fond blanc et représentant généralement des vierges, des saints et des évêques, proviennent pour la plupart de cet établissement, ainsi que les représentations d'animaux et particulièrement de chiens. Ce genre de faïence se rencontre encore assez communément en Picardie, bien que depuis long-temps la fabrication en ait cessé.

Nous ne connaissons aucune marque pouvant être attribuée avec certitude à la fabrication de Beauvais. Cette absence de marque s'explique par l'usage qu'avaient adopté les potiers picards d'inscrire sur leurs produits leurs noms en entier, ainsi que la date de la fabrication.

NIEDERVILLER. — Le caractère de la faïencerie de Niederviller diffère en tous points de celui des faïences dont nous venons de parler et se rapproche de la manière allemande. Les produits de Niederviller se font remarquer par la richesse et la délicatesse de leur décoration qui se compose le plus souvent de fleurs en guirlande, en bouquet, ou détachées et semées de distance en distance.

La création de cette fabrique est due à M. Jean-Louis, baron de Beyerlé, conseiller-trésorier du Roi et directeur de la Monnaie de Strasbourg.

Elle ne remonte pas au-delà du milieu du XVIIIe siècle. En effet, dans une note du recensement de la population de Niederviller fait en 1765, M. de Beyerlé se trouve porté ainsi que des ouvriers faïenciers dont les noms indiquent une origine allemande. En 1746, la seigneurie de Niederviller appartenait encore à M. Vayeur, prêtre, chanoine de Saint-Pierre-le-Jeune de Strasbourg. C'est donc entre ces deux époques, 1746 et 1765, que M. de Beyerlé a acheté ladite seigneurie et y a établi la faïencerie, dans des bâtiments construits exprès pour cette industrie et d'après ses plans.

M. de Beyerlé commença par fabriquer de la faïence très-ordinaire (poterie), plus tard il améliora ses produits en mélangeant des argiles d'Alsace avec la grosse terre du pays, et réussit à faire une très-jolie faïence dont le vernis stannifère était d'un très-beau blanc. Parvenu à cette réussite, il ne ménagea rien pour la décoration ; très-bon chimiste lui-même, il s'adjoignit un jeune strasbourgeois, du nom d'Anstatt. On n'épargna aucune dépense ; le précipité de Cassius [1] fut même employé pour peindre les pièces. Aussi, à cette époque, la vente était-elle facile et à de très-hauts prix.

Encouragé sans doute par les bons résultats qu'il avait obtenus, M. de Beyerlé entreprit la porcelaine. À cet effet il fit venir d'Allemagne des élèves des fabriques de Saxe, et réussit de même dans cette nouvelle branche d'industrie.

Déjà, avant de fabriquer de la porcelaine, il faisait exécuter des figurines et des groupes avec sa faïence fine. Les bons modeleurs Cyfflé et autres, employés dans la belle fabrique de statuettes de Stanislas, à Lunéville, lui procuraient des modèles.

Trois ou quatre ans avant sa mort, arrivée en 1784 ou 1785, la seigneurie fut vendue au général de Custine. Ce nouveau seigneur continua la fabrication, sous la direction de M. Lanfrey. Sous cette direction, la porcelaine eut la priorité ; on abandonna la faïence remplacée alors par le cailloutage. La fabrication des figurines fut augmentée considérablement, grâce aux beaux modèles exécutés par M. Lemire, célèbre dans la partie. Tous ces modèles existent encore ; la manufacture en possède les

[1] Composé pourpre d'or et d'étain.

moules, ainsi qu'une partie de ceux des faïences de M. de Beyerlé.

Parmi les artistes qui ont le plus contribué à la célébrité de Niederviller, on cite Joseph Deutsch, excellent peintre, sur faïence et porcelaine, originaire de Niedervillier, d'où il partit à l'âge de trente-huit à quarante ans, pour aller diriger l'atelier de Mme Gérard, à Paris. Il fit, sur faïence, des tableaux qui sont fort recherchés. Il y en a un à Besançon, et un autre à Menton (Savoie française), entre les mains de Mme de Menton.

A la mort de M. de Custine, l'établissement resta sous la direction de M. Lanfrey jusqu'à la vente de la seigneurie, qui eut lieu, au profit de la nation et des créanciers du général, le 25 germinal, an X. M. Lanfrey s'en rendit adjudicataire et fit marcher la manufacture, comme par le passé, jusqu'en 1827, époque à laquelle il vint à mourir.

Le 25 novembre de la même année, la manufacture fut vendue à M. L.-G. Dryander, de Sarrebruck, qui en est encore aujourd'hui possesseur.

Pendant plusieurs années, celui-ci continua la fabrication de la porcelaine, ainsi que celle des groupes et figurines, mais, son trop grand éloignement du Kaolin de Saint-Yrieix, ne lui permettant pas de lutter avantageusement avec Limoges, il jugea prudent d'abandonner la porcelaine.

Quand aux groupes et figurines, il dut renoncer également à en produire; parce que les Parisiens s'étant mis à en faire à des prix tellement bas, que pour soutenir la concurrence avec eux, il lui eut fallu vendre à perte ; en effet le moulage et l'assemblage des membres sont tellement compliqués — quelquefois douze moules pour établir une figure — que le retouchage des pièces absorbait le prix de vente.

Un très-petit nombre des produits du baron de Beyerlé ont été marqués. Ceux du général de Custine le sont de deux C opposés entrelacés (ꙮ), surmontés d'une couronne de comte. Quant à M. Lanfrey, pendant sa gestion personnelle il ne marquait pas sa porcelaine, seulement les pièces peintes portaient le nom de Niederviller et les figurines étaient estampillées du même nom [1].

Haguenau. — Fondée par Jean Hannong, bourgeois de Strasbourg, la fabrique de Haguenau passa ensuite entre les mains de Paul-Antoine Hannong, son fils. Vers 1750, celui-ci adjoignit à sa faïencerie la porcelaine dure dont il s'était procuré en Allemagne les procédés de fabrication encore inconnus en France ; mais un arrêt de 1754, suscité par la manufacture de Sèvres, lui ayant interdit de continuer à faire de la porcelaine, il quitta la France pour aller fonder en Allemagne la célèbre manufacture de Frankentall.

[1] Nous devons les renseignements que nous donnons sur Niederviller à l'un des arrière-petits-fils du baron de Beyerlé, qui les tient de M. Dryander, directeur et propriétaire actuel de la manufacture.

Pierre-Antoine Hannong, son fils puiné, lui succéda et continua la fabrication de la faïence à Haguenau jusqu'au moment où il vint s'établir à Paris en 1761, quand il vendit à la manufacture de Sèvres le procédé de fabrication de la porcelaine de Frankentall.

Paul Hannong avait un autre fils nommé Joseph, qui fut son associé.

La faïence de Haguenau a, dans la forme, l'émail et la décoration, une grande analogie avec celle de Niederviller. Cette analogie est due à ce que les Hannong employaient, comme le baron de Beyerlé, des ouvriers allemands.

Haguenau a produit une faïence assez commune, ornée de fleurs aux couleurs éclatantes, qui s'est répandue en abondance dans les campagnes et surtout dans celles de l'Est de la France, où l'on en voit encore souvent sur les dressoirs.

Les produits de Haguenau sont marqués, suivant les différentes périodes, des monogrammes ℳ (Paul Hannong); ℋ (Paul et Joseph Hannong, associés); ℋ (Joseph Hannong, après la mort de son père). Un signe particulièrement propre aux marques des Hannong et à celles des fabriques hollandaises, c'est que le monogramme est presque toujours accompagné de chiffres précédés souvent d'une lettre. Ces chiffres et lettres avaient pour but d'indiquer le genre de décor et le calibre de la pièce, de manière à ce que le marchand pût de chez lui, sans craindre d'erreur, faire ses commandes en fabrique.

Luxéville. — La plus ancienne fabrique de faïence de Lunéville est celle qui fut établie dans l'un de ses faubourgs, à Willer, par Jacques Chambrette, vers la fin du règne de Léopold, à laquelle le duc François III accorda des priviléges par lettres-patentes des 10 avril et 14 juin 1731, et qui se distingua plus tard sous le nom de manufacture de Stanislas, roi de Pologne.

Des mains de Jacques Chambrette, la propriété de cet établissement passa dans celles de Gabriel Chambrette, son fils, et de Charles Loyal, son gendre, ainsi qu'on le voit par des lettres-patentes du 17 août 1758, qui maintiennent ces deux derniers en propriété, régie et gouvernement de la manufacture de Willer, tant pour la formation des faïences ordinaires que pour celles dites de reverbère et ouvrages en terre de pipe. Les mêmes lettres, en confirmant tous les priviléges attachés à cet établissement, lui accordent le titre de manufacture royale.

Mais malgré tous les priviléges dont elle jouissait, cette manufacture ne put prospérer; les frais d'exploitation dépassant les bénéfices, elle contracta des dettes qu'elle ne put acquitter; en sorte que les créanciers la firent vendre en 1788. MM. Keller et Cuny s'en rendirent alors acquéreurs. Aujourd'hui, le fils et les petits-fils de M. Keller en sont encore propriétaires.

De la teneur des lettres-patentes accordées par le duc François III, il semblerait résulter que cette manufacture faisait alors de la faïence et de la porcelaine; mais, si la fabrication de celle-ci a réellement existé, elle n'a pas duré long-temps, et a dû faire place à celle de la *terre de pipe* [1], qui, après avoir prospéré grandement jusqu'en 1840 environ, a été en décroissant toujours d'année en année, et a fini par disparaître complétement de nos jours, par suite des perfectionnements apportés dans la fabrication de la terre dite « Cailloutage ou Anglaise, » genre de poterie qui l'a remplacée.

Les premiers essais de fabrication faits devant Stanislas, Voltaire et la marquise du Châtelet, prouvent que la terre de pipe, qui date de 1748, est originaire de la fabrique de Lunéville, ou tout au moins, qu'elle y a été notablement perfectionnée; ce qui mit cet établissement en grande réputation et lui valut divers priviléges que Stanislas, suivant lettres-patentes en date des 13 et 29 décembre 1749, lui accorda « à cause de la bonne qualité de ses » produits en *terre de pipe* ou *demi-porcelaine*. »

Elle ne fabriquait, à l'origine, que des faïences communes revêtues d'un émail stannifère et telles que l'on en fait encore à présent, n'ayant aucun caractère artistique, et nulle similitude avec les produits de la fabrique de Niederviller, qui cependant en est proche voisine.

---

[1] Espèce de faïence sans couverte, dont le nom provient de ce que sa pâte fut dans l'origine exclusivement employée à la fabrication des pipes.

Si elle a fait de la porcelaine, ce qui est fort douteux, il n'en reste pas la moindre trace.

Comme les annales de Lunéville n'ont conservé aucun nom des ouvriers peintres et décorateurs qui ont été employés dans la manufacture de Stanislas, on ne peut affirmer, bien qu'on le pense généralement, que le célèbre modeleur Paul-Louis Cyfflé y ait travaillé. MM. Decrival et Lepage ne le croient pas, se fondant sur ce que cet artiste était propriétaire d'un autre établissement dont on peut voir encore les vestiges. On montre en effet l'endroit où était son four : c'est là que se trouve aujourd'hui établi le bureau de bienfaisance. Cependant il est permis de ne pas se ranger à leur avis, car Cyfflé étant venu, de Bourges où il est né le 7 janvier 1724, résider à Lunéville dès 1746, et la création de sa fabrique ne datant que de 1768, on peut bien admettre, en l'absence de preuves contraires, que pendant le laps de temps qui s'est écoulé entre ces deux dernières époques, Cyfflé a pu travailler plus ou moins longtemps dans la manufacture de Stanislas avant de fonder l'établissement dont parlent MM. Decrival et Lepage.

Lemire et Favot, qui ont contribué si grandement à la réputation de Niederviller, venaient certainement de Lunéville, où ils s'étaient déjà distingués par leur habileté dans la fabrication des groupes et figurines. Mais sortaient-ils de la manufacture Stanislas ou de l'établissement Cyfflé? C'est aussi ce que l'on ne peut dire.

Les originaux de Cyfflé, groupes et statuettes, sont estampillés « terre de Lorraine ». On en explique ainsi la cause.

Sur la demande faite par Cyfflé afin d'être autorisé à fonder une nouvelle manufacture à Lunéville pour y fabriquer une faïence d'une pâte de sa composition, supérieure à la terre de pipe, sans être porcelaine, Louis XV octroya, par lettres-patentes du 3 mai 1768, audit Cyfflé, sculpteur ordinaire de feu le roi de Pologne, la permission d'établir une manufacture dans laquelle il pourrait cuire, pendant quinze années, de la vaisselle qui serait supérieure à celle de terre de pipe, sans être porcelaine, et qui serait nommée *terre de Lorraine*, comme aussi de la faïence commune et ordinaire en employant de la terre de pipe.

Toutes les œuvres de Cyfflé sont restées à l'état de biscuit, c'est-à-dire non recouvertes d'émail, afin que le fini et la délicatesse du travail n'en soit pas altérés. Du reste, il est à remarquer que la pâte en est brillante et polie autant que le marbre.

Elles sont très-estimées, d'autant plus que le secret de la composition de leur pâte est perdu. On pense qu'il y entrait, comme élément calcaire, des os calcinés.

Parmi les plus remarquables on cite la statue pédestre de Stanislas, qui est à la bibliothèque impériale de Nancy; le groupe de Henri IV et de Sully, offert au roi de Danemarck à son passage à Lunéville; Bélisaire et le buste de Voltaire.

Cyfflé eut trois enfants, nés de son mariage avec Catherine Marchal, de Nancy, fille d'un très-habile mécanicien : Stanislas, peintre; Joseph, employé à la manufacture de son père ; et François, ingénieur.

Moustiers et Marseille. — Nous réunissons les fabriques de ces deux pays sous un même titre parce que leurs poteries, se ressentant de leur commune origine, sont pour la plupart presque identiques. C'est à des ouvriers venus d'Italie que l'on doit les premiers produits de ces fabriques.

On attribue la fondation de celles de Moustiers à un moine français, qui, après avoir passé plusieurs années en Italie où il avait étudié les modes et procédés de fabrication de la faïence, revint s'établir dans un couvent des environs de Moustiers et entreprit d'y fonder une fabrique. A cet effet, il fit venir d'Italie des ouvriers et des modèles. Cette entreprise réussit parfaitement, et le caractère artistique importé par les ouvriers italiens se propagea rapidement à Marseille.

La marque qui se trouve sur les poteries de Moustiers, composée d'un *L* croisé d'un *O* ($\mathscr{L}$), est présumée être le monogramme de Laugier ou d'Olerys dont les fabriques existaient dans la première période du XVIIIe siècle. Les lettres ou signes accompagnant généralement ce monogramme sont des marques de décorateurs.

Parmi les artistes potiers qui ont le plus contribué à rendre célèbre la poterie marseillaise, on cite en

première ligne Honoré Savy, dont la manufacture
a fonctionné sous la protection du comte de Provence, à partir de 1777, et qui eut dans la personne de Joseph-Gaspard Robert un concurrent redoutable.

Savy marquait certains de ses produits d'une fleur-
de-lis, et d'autres, d'un écusson renfermant la fleur-
de-lis. On croit qu'il n'adopta cette marque qu'après
avoir obtenu la protection du comte de Provence.

Quant à J.-G. Robert, il marquait les siens du
sigle Ŕ.

AVIGNON. — Les fabriques de ce pays se sont particulièrement distinguées par leurs belles poteries
en terre revêtue de vernis coloré, généralement
rouge-brun ou vert.

Elles sont, ainsi que l'attestent les formes de leurs
vases, d'origine italienne, comme celles de Moustiers, et cependant les produits de celles-ci diffèrent
totalement de celles-là. En effet, les faïences de
Moustiers, de même que celles de Marseille, sont
émaillées, tandis que celles d'Avignon sont *vernis-
sées*, à pâtes colorées, quelquefois dorées, mais jamais peintes.

———

Sous le pied ou sur le revers d'un assez grand
nombre d'anciens produits du midi l'on remarque
une petite croix tracée en couleur et le plus souvent

en noir. L'existence de cette croix serait due, dit-on, à une pratique en usage pendant long-temps chez les potiers, qui croyaient, au moyen de ce signe religieux, tracé sur une certaine quantité de pièces placées de distance en distance dans une fournée, mettre toute cette fournée sous la garde de Dieu et s'assurer ainsi une heureuse réussite dans la cuisson.

Saint-Cloud. — Vers 1688, il existait à Saint-Cloud une faïencerie jouissant d'une grande réputation, et dont les produits, rares aujourd'hui, sont très-recherchés. Ils se rapprochent beaucoup des produits rouennais de la première période.

Cette faïencerie a fait place à la manufacture de porcelaine.

Elle n'a marqué aucun de ses produits; la marque composée des lettres S^r C, abréviation de Saint-Cloud, avec la lettre T, monogramme du fabricant, nommé Trou. au-dessous, était particulière aux porcelaines.

Sceaux. — Fondée en 1756, la manufacture de Sceaux faisait de la porcelaine, mais, par suite de difficultés que lui créa la manufacture privilégiée de Sèvres, elle dut cesser cette fabrication et se livrer pendant un certain temps d'une manière exclusive à celle de la faïence. Dès lors elle s'attacha à perfectionner ce genre de poterie et y parvint si bien qu'elle se rendit célèbre par la distinction de ses produits.

Ceux qui appartiennent à la période d'exploitation de Richard Glot, de 1772 à 1790, se font surtout remarquer par la finesse de l'émail et par leur exquise décoration, dont le style rappelle avec avantage celui des belles porcelaines de Saxe. Il est telle pièce que l'on pourrait prendre, à première vue, pour l'une de ces dernières.

Oiseaux, insectes, fleurs, etc., semés à distance sur fond blanc uni, sont les sujets favoris des faïences de Sceaux : tous sont peints avec un art et une habileté extrêmes.

Sceaux a fait aussi des pots à l'usage de la pharmacie, décorés de sujets emblématiques. Le dessous de ces pots porte pour marque le nom de Sceaux, imprimé en bleu. D'autres pièces sont marquées ainsi : SX. Quelquefois ces lettres sont accompagnées d'une ancre.

FAÏENCE DE CLAUDE RÉVÉREND.

Cette faïence peut être classée comme française par son origine et comme hollandaise par son caractère.

Claude Révérend alla d'abord s'établir pendant un assez long temps comme potier en Hollande, où il parvint à *surprendre* les meilleurs procédés employés par les potiers de ce pays, ainsi qu'il le dit dans la supplique qu'il adressa à Colbert afin d'être autorisé à fabriquer en France « faïence et imitation de porcelaine. »

Cette autorisation lui ayant été octroyée suivant lettres-patentes en date de 1664, il revint en France et créa à Paris un établissement, dans lequel il fit particulièrement des faïences imitant, à s'y méprendre, les plus belles de Delft [1]. Ses faïences dites *Crucifères*, si remarquables par le glacé de la couverte et la vigueur et l'éclat des couleurs, ne peuvent se distinguer des produits hollandais du même genre que par la différence des marques qui se trouvent au revers.

On attribue à Cl. Révérend les pièces portant le monogramme ℞. La ressemblance qui existe entre ce monogramme et la marque hollandaise, un R traversé par un sabre (℞), dont parle A. Brongniart comme indiquant le XVI siècle tout entier, mais que MM. Riocreux et Jacquemart ne font remonter qu'au XVII siècle et croient être le sigle d'un potier français établi en Hollande, n'autorise-t-elle pas à supposer que ce potier n'est autre que Cl. Révérend

[1] Un magnifique plat donné au musée de Sèvres par M. Sauvageot semble avoir été spécialement fabriqué par Révérend pour Colbert, peut-être même afin de disposer favorablement ce ministre à accorder lesdites lettres-patentes. Ce plat, revêtu d'un très-bel émail et d'une charmante décoration bleue offrant au centre les armes de Colbert, imite, avec le plus grand succès, les belles porcelaines de Chine et du Japon.

qui, de retour en France, aura continué à marquer ses produits du monogramme par lui adopté en Hollande, en le modifiant légèrement, de manière à former les lettres *R. A. P.*, signifiant *R*(évérend) *A P*(aris)?

A l'appui de cette opinion, nous citerons une série de plats portant cette marque et représentant divers personnages : une inscription en « langue française » indique le genre du personnage représenté; ainsi, par exemple, sur le bassin de l'un de ces plats (n° 10 de la série), on voit un joueur de violon avec ces mots : *Le violon de campagne.* Les bords du plat sont ornés d'arabesques bleues, le décor du bassin est polychrôme; pâte et émail, tout en un mot rappelle le genre hollandais.

FAÏENCES ALLEMANDES.

NUREMBERG. — L'introduction de la faïence émaillée en Allemagne date des premières années du XVIe siècle, et elle est due à Hirschvogel, né à Nuremberg en 1447.

Ce célèbre potier alla étudier à Urbino les perfectionnements récemment apportés à la majolique italienne et revint ensuite s'établir dans sa ville natale.

La ville de Nuremberg se fit remarquer dès l'origine par ses belles faïences.

Le caractère de la plupart de ses anciens pro-

duits, qui sont généralement enrichis d'ornements
en relief représentant des fleurs, des fruits et des
animaux, a une certaine analogie avec le genre de
Bernard Palissy.

Aussi quelques personnes pensent-elles que Palissy a puisé l'inspiration de ses belles poteries dans
l'école de Nuremberg.

Hirschvogel a eu de nombreux et habiles continuateurs et Nuremberg n'a pas cessé de se distinguer jusque dans les derniers temps. Au nombre de
ceux qui contribuèrent le plus à sa célébrité, on
compte les frères Elers, qui abandonnèrent leur
pays pour aller en Angleterre créer une fabrique
dans le Staffordshire, vers la fin du XVIIe siècle.

Nous n'en dirons pas davantage ici touchant les
faïences d'Allemagne, parce que le plus grand
nombre des établissements de ce pays ayant fabriqué soit successivement, soit simultanément les
faïences et les porcelaines, nous ne pourrions que
nous répéter lorsque nous nous occuperons de ce
dernier genre de poterie.

FAÏENCES HOLLANDAISES.

DELFT. — De toutes les nombreuses fabriques de
faïence établies en Hollande, les plus célèbres et les
plus considérables furent, sans contredit, celles de
Delft.

On en fait généralement remonter la fondation du XVe au XVIe siècle; cependant certaines personnes ont avancé qu'elles existaient dès le commencement du XIVe siècle; et l'on assure même que sous le règne de Henri IV, roi d'Angleterre (1413-1422), Delft exportait déjà en ce pays beaucoup de ses produits.

Dans le cours du XVIIe siècle le nombre de ses fabriques s'est élevé, suivant A. Brongniart, de cent cinquante à deux cents. Ce fut pendant cette période que la Hollande exporta à l'étranger, surtout en France et en Angleterre, une quantité considérable de ses faïences.

Ce qui distingue les anciens produits de Delft, c'est l'éclat et la finesse de l'émail, presque toujours d'un blanc légèrement bleuâtre, sur lequel les ornements se dessinent purement, sans dureté ni maigreur.

Les Hollandais sont parvenus à imiter, avec une telle perfection, la décoration des porcelaines chinoises et japonaises, que l'on pourrait confondre avec ces dernières la plupart de leurs faïences.

Les décorations qui se trouvent le plus communément sur ces faïences consistent en ornements bleus sur fond blanc — genre d'ornementation particulièrement propre aux fabriques de Delft, de même qu'à celles de Nevers et de Rouen.

Parmi les produits de Delft, on remarque des services de table dont chaque pièce, suivant sa destination, figure, tant par la forme que par la couleur, gibier gros et petit, volailles, poissons, légumes, fruits, etc. — tous ces objets, qui atteignent quel-

quefois de grandes proportions, sont toujours repro-
duits avec beaucoup d'art et de vérité.

Nous avons remarqué avec intérêt, dans la superbe
collection céramique du château de la Favorite —
près Bade — appartenant au Grand-Duc, un de ces
services très-complet, qui, ainsi qu'on nous l'a
assuré au château même, provient de Delft.

Les Hollandais ont marqué leurs produits dès les
premiers temps de la fabrication; ce qui indique, suivant A. Brongniart, l'importance qu'ils attachaient
à la perfection de leurs faïences. Aussi les marques
connues sont-elles nombreuses. Un signe qui les fait
reconnaître aisément, c'est que, à peu d'exceptions
près, elles sont toutes accompagnées de chiffres qui,
ainsi que nous l'avons dit déjà à propos des faïences
de Haguenau, offraient au marchand la facilité de
faire ses commandes à la fabrique sans se déranger
de chez lui; ces chiffres indiquant le genre du décor
et le calibre de la pièce.

Après avoir été, pendant plus de deux siècles, la
poterie la plus recherchée de toute l'Europe, la
faïence émaillée s'est vue peu à peu délaissée pour
la porcelaine.

L'importation sur notre continent, par les portugais et les hollandais, des porcelaines du Japon et
de la Chine, tout en faisant perdre à la faïence son

privilége d'être la seule en usage dans les somp-
tueuses demeures, les châteaux et les palais, n'eut
pas un effet bien sensible sur elle, car sa fabrication
n'en continua pas moins de prospérer grandement
jusqu'au milieu du XVIIIᵉ siècle, et ce ne fut qu'à
partir de cette époque, lorsque la porcelaine tendre,
en se produisant de toutes parts, vint lui faire une
redoutable concurrence, qu'elle commença à décliner, tout en produisant encore des œuvres très-
remarquables.

Enfin, du moment où, par suite de la découverte
du kaolin, on fut parvenu à faire la véritable porcelaine dure, et surtout quand le perfectionnement
des procédés de fabrication amena progressivement
la baisse du prix des porcelaines, la faïence ne fut
plus recherchée comme poterie de luxe, et les fabricants durent se résigner à ne plus travailler que
pour les ménages bourgeois. Dès lors, tout caractère
artistique disparut; aux formes grâcieuses et élégantes succédèrent des formes communes et sans
distinction, et aux riches et délicates décorations,
de pauvres et grossiers ornements furent substitués.
Enfin, visant au bon marché, on en arriva jusqu'à
supprimer ces ornements, et l'on se borna à inscrire
des maximes, sentences et devises dans l'intérieur
des pièces.

C'est ainsi que l'on voit sur des plats et des assiettes faits de 1789 au commencement de notre
siècle, ou des emblèmes, ou des mots peignant
l'esprit de l'époque.

Sur certaines pièces sont représentés deux drapeaux en croix, avec ces mots de chaque côté : *La nation, la loi;* ou un tombeau sur lequel est écrit : *Mirabeau n'est plus;* ou encore un niveau et une équerre surmontés du bonnet rouge.

Sur d'autres, on lit : *Vive la constitution; Vive la liberté; Fraternité, égalité ou la mort; Vivre libre ou mourir;* etc.....

Un dernier coup fut enfin porté à la fabrication de la faïence émaillée par la production d'une nouvelle poterie importée vers la fin du siècle dernier par l'anglais Hall, son inventeur, qui créa en France — à Montereau — un établissement dont le succès fut aussi grand que rapide. Aussi la faïence émaillée fut-elle tout-à-fait délaissée, et l'on ne vit plus sortir de ses fabriques que des produits communs et grossiers destinés aux plus humbles usages du foyer domestique, tandis que la fabrication du nouveau genre de poterie, prenant une grande extension, s'établissait dans le Midi et l'Est de la France — à Toulouse et à Sarreguemines.

Mais cette poterie, qui avait, comme la terre de pipe de Lunéville — dont elle était l'analogue — le défaut de se rayer aisément et de jaunir affreusement en très-peu de temps, n'eut qu'un moment de vogue et fut à son tour remplacée par une autre, appelée improprement *porcelaine opaque,* dont la découverte est due aussi à un anglais du nom de Spode.

Cette nouvelle poterie a fait sa première apparition en Angleterre vers 1810, sous le nom de *iron stone.*

La porcelaine opaque, perfectionnée surtout depuis 1830, a obtenu sur toutes les anciennes faïences une préférence méritée par son bon marché, la beauté de son émail et l'aspect attrayant de sa décoration. Aussi la terre de pipe est-elle, comme la faïence émaillée, tout-à-fait délaissée. Sa décoration se faisait par transport d'impressions généralement en noir. On voyait représentés sur la plupart des pièces : des monuments publics, des personnages célèbres, des sujets historiques, etc., et sur les assiettes à dessert, le plus souvent, des rébus ou des chansons.

Depuis plusieurs années on a fait, en Italie — à Doccia, près Florence — et en France, notamment à Sèvres, Paris, Bourg-la-Reine, Nevers, des tentatives de reproduction des anciennes faïences : d'heureux résultats ont été obtenus; mais, soit que le prix de ces reproductions soit trop élevé, soit tout autre motif, cette renaissance de l'art céramique n'a pu prendre jusqu'à ce jour une grande extension.

Il est cependant bien à désirer qu'elle prospère, car on pourrait en quelque sorte ainsi paralyser l'action destructive des siècles, en perpétuant les œuvres remarquables et rares qui tendent à disparaître, et dont le prix, souvent exorbitant, ne permet pas à tout le monde de les posséder.

II.

GRÈS CÉRAMES.

GRÈS CÉRAMES.

La poterie de grès peut, par sa nature, être considérée comme un genre tenant à la fois de la porcelaine et de la faïence : étant dure et sonore autant que l'une, et opaque comme l'autre.

Sa fabrication, ainsi que celle de la faïence, a eu ses jours de splendeur et ses jours de décadence. — La production de la porcelaine ayant influé autant sur l'une que sur l'autre, toutes deux ont parcouru les mêmes phases.

L'histoire de cette poterie est peu connue ; mais il paraît hors de doute que la fabrication des grès, quoique remontant aux temps les plus reculés, n'a pris un caractère artistique qu'au commencement du XVe siècle.

A partir de cette époque, les formes qui sont données aux vases, ainsi que les reliefs et émaux dont ils sont enrichis, indiquent que les grès sont destinés, non-seulement aux usages domestiques, mais encore à orner les dressoirs et les autres meubles. Dès-lors, la fabrication devient de plus en plus florissante, et, c'est pendant le cours des XVIe et XVIIe siècles, que sont exécutés, surtout en Flandre et en Allemagne, les grès les plus beaux et les plus estimés. Aussi, est-ce à cette période que l'on attribue ces vases, aux formes sveltes et élégantes, parfois étranges et capricieuses, destinés aux usages les plus variés; tels que bassins, aiguières, buires, clepsydres, couvrefeux, coupes, cruches, flacons, bouteilles, salières, et tant d'autres objets de table et de ménage, plus ou moins ornés d'émaux et de reliefs, mais toujours modelés avec un art et une délicatesse remarquables. — Les musées de Sèvres et de Cluny sont riches en spécimens de ce genre, qui font voir à quel degré de perfection l'industrie des grés s'est élevée.

Vers la fin du XVIIe siècle, les grès, loin de progresser, commencent à dégénérer, à tel point que ceux fabriqués à partir du XVIIIe siècle ont bien encore un certain mérite, mais ne possèdent plus, au même degré, cette exquise exécution et cette richesse d'ornementation, qui distinguent les produits des deux siècles précédents.

C'est à peu de distance des bords du Rhin que les plus nombreuses et les plus importantes fabriques de grès s'établirent, afin d'être à portée de l'argile propre à ce genre de poterie, que l'on trouve en grande abondance dans les terrains situés sur l'une et l'autre rive de ce fleuve, surtout sur celle de droite.

Il existe encore aujourd'hui, dans les environs de Coblentz, une de ces fabriques, dont les produits se rapprochent jusqu'à un certain point du caractère des anciens grès, tant par leur forme que par le système de leur ornementation.

On cite parmi les plus anciens grès des Flandres, ceux auxquels on a donné le nom de « Jacobus Kannetje, » et que l'on attribue à la comtesse Jacqueline de Bavière, qui vivait en 1425, et qui jeta, dit-on, de sa fenêtre dans le Rhin — durant sa captivité au château de Teylingen — plusieurs de ces grès, pour qu'ils devinssent, dans la suite des temps, des objets de curiosité.

Ce nom de Kannetje, appliqué à des anciens grès, ne semble-t-il pas avoir donné naissance à celui de « cannette, » dont on use en France pour désigner les pots à bière d'une certaine contenance, aussi bien que « Kann, » mot allemand, signifiant en français, pot ou broc.

Les Allemands ont porté la fabrication des grès au même degré de perfection que les Flamands. Cependant il est juste de dire qu'à ces derniers sont dues les œuvres les plus remarquables.

Quoique l'analogie existant entre les produits des Flandres et d'Allemagne soit souvent telle, qu'il est bien permis de ne pouvoir les distinguer les uns des autres, à moins d'avoir acquis une certaine expérience, on peut cependant reconnaître la plupart des grès allemands, à des signes caractéristiques, qui consistent principalement : 1o dans la pâte dure, rouge, brune et grise ; 2o dans les formes, souvent plus lourdes et moins pures que celles de provenance flamande ; 3o dans les ornements en relief, appliqués par cachets ronds, imprimés et à pointe de diamants ; 4º et dans les émaux, généralement bleus ou violâtres.

Les grès des Flandres et d'Allemagne de la bonne époque, sont rares chez les marchands de curiosités : aussi, pour peu qu'un de ces spécimens soit intact, il s'élève à un prix très-élevé.

Sans avoir une célébrité aussi grande que ceux dont nous venons de nous occuper, les grès anglais ont cependant un caractère particulier qui les fait rechercher.

On cite parmi les plus distingués, les grès de Vauxhall et de Lambeth; ceux exécutés par les frères Elers et ceux de Wedgwood, à qui la poterie anglaise doit les plus grands perfectionnements. Ces derniers grès, noirs, avec figures en relief d'un très-beau blanc, sont surtout fort estimés.

Quant aux grès français, les plus anciens, comme les plus remarquables, sont ceux de Beauvais.

Suivant plusieurs écrivains, tout ce qui a été dit, relativement aux fabriques Picardes et surtout aux fabriques de Savignies, doit se rapporter aux grès, plutôt qu'à la faïence émaillée dont l'origine serait relativement moderne [1].

Quoi qu'il en soit, les grès de Savignies étaient déjà célèbres dans les premières années du XVIᵉ siècle, car, lorsque Rabelais parle de l'émail bleu des vases de Savignies, il ne peut être question que

---

[1] Voir pour les faïences de Beauvais page 21.

de ces grès. De même que Palissy les a en vue, quand il dit dans ses dissertations sur les arts céramiques. « Il y en a une espèce (d'argile) à Savigny
» en Beauvoisis que je cuide qu'en France n'y en a
» point de semblable, car elle endure un merveilleux
» feu, sans estre autrement offensée, et a ce bien là,
» de se laisser former autant tenue et déliée que
» nulle autre des autres : et quand elle est entière-
» ment cuitte, elle prend *un petit polissement vitri-*
» *ficatif*, qui procède de son corps mesme : et cela
» cause que les vaisseaux faits de la dite terre, tien-
» nent l'eau fort autant que les vaisseaux de terre. »

Crétin (Guillaume), dit dans l'une de ses épitres à François Charbonnier, son ami, imprimées en 1523 :

> . . . .
> Mais quoi ? Vinum non habent, est maulvais
> Estorement, *grandz tasses de Beauvais*
> Leur sert, de l'eau leur présente, et conseille
> Que chascun puise à mesme belle seille.

Estienne (Robert) cite aussi la poterie de Beauvais dans son *de Vasculis libellus*, édition de 1543 : d'abord (Summa rei vasculariæ ex Bayfio — de vasis significatione — vasa fictilia), page 22, il dit :
« ..... Quemadmodum vulgus Italorum maiorica

---

[1] Ce poète, qui vivait au commencement du XVIᵉ siècle, fut le chroniqueur du roi de France et l'ami de Clément Marot, qui en fait le plus grand éloge : c'est lui que Rabelais a peint sous le nom du *Vieux Raminagrobis*. Charbonnier était secrétaire du duc de Valois, depuis François Iᵉʳ.

» vasa appellat, quæ in altera ex insulis Balearibus
» fiunt, quam vulgus maioricam appellare solet,
» itidem et nos eadem ratione vasa Bellovaca dice-
» mus, *polz de Beauvays.* »

Et plus loin (vasa Potoria et Pocula), page 32, il
dit encore : « Lagena, *une bouteille,* vas fictile, quo
» ceu potorio utuntur qui per æstatem atque ardo-
» res maximos in agris negociantur. Ea forma, in-
» quit Budæus, qua hydriæ fictiles à Bellovacis im-
» portantur, *cruches de Beauvays,* à tereti enim
» collo distenta ventris laxitas, iterum sensim ad
» imum gracilescit.....

  » Hydriam latinè vocamus urnam aquariam une
» *cruche.....* » (page 39.)

Enfin on lit dans la *Cosmographie* de Belleforest,
publiée en 1574 : « Au terroir de Beauvais encor se
» treuve de la terre propre à faire des vases et po-
» terie presque aussi singulière que celle de Venise,
» si l'art estoit accommodé à la rareté de la matière
» et ce nonobstant on en fait grand compte à Paris et
» ailleurs, tant en France que hors du royaume... »

Il y a lieu de croire que, destinés à contenir des
liquides, les vases, tasses et cruches dont parlent
les auteurs que nous venons de citer, devaient être
en grès.

Les grès de Beauvais ont un caractère particulier,
n'offrant aucune analogie avec ceux des Flandres et
d'Allemagne, bien qu'ils soient aussi décorés d'ornements en relief et d'émaux.

J. Ziégler, qui s'est fait un nom comme peintre

d'histoire, a tenté de faire revivre l'antique réputation de ces grès. A cet effet, il a établi, vers 1839, à Voisinlieu — près de Beauvais — une fabrique, où il s'est appliqué, non à imiter les anciens produits du pays, mais à reproduire les formes si pures et si élégantes des vases étrusques grecs et égyptiens, et il y a réussi avec beaucoup de succès. Aussi, ses remarquables produits firent-ils sensation à Paris lors de leur première apparition, et furent-ils rangés au nombre des produits élégants de l'industrie française.

Ils sont aujourd'hui d'autant plus recherchés que la fabrication en a cessé.

L'établissement de Ziégler, ayant passé dans les mains de M. Mansart, prit d'abord une plus grande extension, mais bientôt il déclina et enfin cessa de fonctionner en 1856.

La pâte des grès de Voisinlieu est dure et sonore; elle emprunte toutes les couleurs, les plus claires même blanchâtres, comme les plus foncées, allant jusqu'au noir.

Ziégler a marqué ses produits d'un J et d'un Z.

Il existe encore aujourd'hui près de Beauvais, à Pont-d'Allonne, une fabrique de grès vernis par salure [1], fondée par MM. Joye et Dumontier, vers 1842, dont les produits n'ont pas, jusqu'à présent, at-

---

[1] Ce genre de vernis s'obtient au moyen de sel marin (chlorure de sodium) répandu sur les objets à cuire au moment de l'enfournement. Pendant la cuisson, le chlore se vaporise et le sodium se trouvant en contact avec la silice, forme le vernis.

teint le mérite de ceux de Voisinlieu, mais tendent à se perfectionner. MM. Clerc et Taupin, possesseurs actuels de cette fabrique, ont entrepris tout récemment la fabrication de grès artistiques, à l'imitation de ceux de Ziégler ; et quelques essais leur font espérer une heureuse réussite. Au moment où nous écrivons ces lignes, MM. Clerc et Taupin s'occupent de la reproduction du magnifique vase dit « aux Apôtres, » œuvre capitale de Ziégler.

A. Brongniart a divisé ainsi les diverses variétés de grès cérames :

1re. A pâte blanche ou gris de perle, sans glaçure ; la plupart des cannettes, le petit pot à ventre, quoique enduits d'un fond bleu pâle, appartiennent à cette variété. Ce sont les plus rares.

2e. A pâte blanche ou jaunâtre, mate, avec glaçure jaune roussâtre ou d'un jaune d'ocre bronzé. C'est le plus grand nombre et la plupart de ceux de Voisinlieu.

3e. A pâte brune, avec glaçure très-noire ou des ornements à parties noires. Ceux-ci sont souvent ornés d'émaux de diverses couleurs qui y ont été mis à une plus basse température.

4e. A pâte bleuâtre, glaçure mince par salure, larges ornements bleus et quelquefois violets.

—○○○○○—

III.

PORCELAINES.

PORCELAINE ORIENTALE.

Chine. — Le P. d'Entrecolles, jésuite français et missionnaire en Chine, dit, dans une lettre datée de 1712 et publiée en 1717, à Paris, que, au nombre de porcelaines anciennes très-estimées et d'un prix fort élevé, il y en avait encore au moment où il écrivait, qui passaient pour avoir appartenu aux empereurs Yao et Chun, lesquels régnaient : le premier, en 2357, et le second, en 2255 avant l'ère chrétienne. — Chun, avant de parvenir au trône, était potier.

Mais M. Stanislas Julien, qui a traduit du chinois un traité complet de l'histoire et de la fabrication de la porcelaine chinoise, n'accorde pas une origine aussi antique à ce genre de poterie. En effet, dans la savante préface placée en tête de sa traduction, il établit, sur des données certaines, que la porcelaine a fait sa première apparition sous la dynastie des Hang, entre les années 185 avant et 88 après Jésus-Christ, et que les Chinois ne fabriquaient antérieurement que des poteries communes en terre cuite, dont leurs annales officielles, par eux précieusement conservées dès la plus grande antiquité, attribuent l'invention à l'empereur Hoang-ti, qui commença à régner en l'an 2698 avant l'ère chrétienne.

La découverte de plusieurs petits vases ou flacons de porcelaine portant des inscriptions en langue chinoise, récemment faite dans des tombeaux égyptiens dont l'existence remonte au temps des Pharaons, donnerait un démenti à l'opinion de M. Stanislas Julien, si ces vases étaient, ainsi que de savants archéologues l'ont cru, contemporains de ces tombeaux et, par conséquent, avaient été faits 1800 ans au moins avant Jésus-Christ. Mais il est aujourd'hui bien reconnu qu'ils ne sont pas aussi anciens que les tombeaux qui les renfermaient et où ils ont dû être déposés à une époque relativement moderne, puisque les inscriptions qui se trouvent sur une de leurs faces aplaties sont des vers extraits de poèmes chinois dont la composition ne remonte pas au-delà du VIIIe siècle.

La fabrication de la porcelaine — toujours d'après M. Stanislas Julien — fit peu de progrès en Chine jusqu'au VIe siècle, mais elle dut en faire davantage dans les siècles suivants, car les porcelaines d'un bleu de ciel, fabriquées dans le cours du Xe siècle par ordre de l'empereur Chi-tsong, furent plus tard en si grande faveur que les riches amateurs en portaient des tessons à leur bonnet de cérémonie ou s'en faisaient des colliers.

De l'an 960 à l'an 1278 après Jésus-Christ, sous

la dynastie de Song, cette fabrication continua à progresser et atteignit enfin, du XVe au XVIe siècle, un haut degré de perfection qui n'a pas été dépassé depuis.

En effet, à dater du XVIe siècle, les Chinois ne se signalent par aucune tentative d'amélioration et semblent se borner à reproduire les porcelaines des siècles précédents. Les formes, ainsi que les décorations dont le poncis semble éternel, restent constamment les mêmes et donnent la mesure de l'esprit patient et stationnaire des Chinois, dont, au reste, on peut se faire une idée en voyant au musée de Sèvres plusieurs de leurs produits qui, bien que datés de siècles divers, ne diffèrent entr'eux ni dans la forme, ni dans la décoration, ni même dans la pâte.

La Chine possède de nombreux centres de fabrication, mais le plus considérable entre tous est, sans contredit, celui de King-te-Tching, dans la province de Kiang-si.

Trois mille fourneaux y étaient en pleine activité au commencement du XVIIIe siècle, si l'on s'en rapporte à la lettre du P. d'Entrecolles que nous avons déjà citée, ainsi qu'à la relation du voyage fait en Chine et en Tartarie, par lord Macartney, ambassadeur du roi d'Angleterre auprès de l'empereur de la Chine, en 1792, 1793 et 1794, où il est dit : « Non » loin de la route que les Anglais suivoient pour se » rendre à Canton, il y avoit une ville non murée » et appelée Kin-te-Chin où *trois mille fourneaux* » pour cuire de la porcelaine étoient, dit-on, allu-

» més tous à la fois, ce qui fesoit que, pendant la
» nuit, la ville avoit l'air d'être toute en feu. »

Bien que King-te-tching, bourg immense auquel
les Chinois refusent le nom de ville parce qu'il n'est
pas entouré de murailles, contienne un million
d'habitants suivant l'évaluation faite par les mis-
sionnaires, ce nombre de trois mille fourneaux nous
paraît grandement exagéré, et nous croyons plus volontiers à l'assertion de Balbi, qui ne le fait monter
qu'à cinq cents.

L'établissement d'une si grande quantité de fabriques sur un même point, est due à l'excellence des
matières propres à la fabrication de la porcelaine
qui se trouvent en abondance dans les montagnes
voisines, et surtout à l'existence de nombreuses
roches de pétung-tsé sur presque tous les points de
la province.

C'est à King-te-Tching que la manufacture impériale est établie ; elle n'a pas cessé d'y fonctionner
depuis le Xe siècle — époque de sa fondation — jusqu'à nos jours.

La pâte de la porcelaine chinoise est loin d'égaler
en blancheur et en transparence celle dont il est fait
usage en Europe. — Elle a une teinte grisâtre et le
vernis qui la recouvre est verdâtre.

Cette pâte se compose de deux matières principales : l'une, substance blanche argileuse, est appelée kao-lin, du nom d'une montagne située près de
King-te-Tching et où elle fut d'abord découverte ;
l'autre, substance minérale, est nommée Pétung-tsé

(feldspath ou pétro-silex). — La porcelaine doit sa dureté et sa solidité au kao-lin et sa transparence au pétung-tsé.

Les Chinois ont atteint une rare perfection dans la forme de leurs vases et sont parvenus à vaincre les plus grandes difficultés d'exécution sur des pièces d'une extrême délicatesse. Ils excellent particuliè-rement dans la fabrication des porcelaines dites « cloisonnées » et de celles désignées, à cause de leur peu d'épaisseur, sous le nom de « coquille d'œuf. » Enfin ils exécutent, d'une seule pièce et sans défaut, des vases d'une dimension vraiment surprenante. — Il en est qui ont jusqu'à 1 mètre de hauteur et 60 centimètres de diamètre. — Il est vrai de dire qu'ils sont grandement aidés dans la réussite de pareilles œuvres par la nature de leur pâte, d'une telle plasticité que leurs porcelaines peuvent être ornées et décorées sans être à l'état de dégourdi, c'est-à-dire sans avoir subi un premier feu, comme cela est indispensable en Europe, sous peine de voir les pièces se déformer.

Ils montrent aussi beaucoup d'habileté dans les ornements en relief.

L'un de ces ornements, qu'ils semblent affection-ner et qui caractérise surtout leurs vases, consiste en la représentation de lézards ou salamandres à queue recourbée et bifurquée.

Les porcelaines de King-te-Tching, les plus renommées de toutes celles fabriquées dans l'em-pire chinois, ne sont pas décorées sur place ;

on les envoie pour l'être soit à Nan-King, soit à Canton.

Les décorations faites à Nan-King sont d'une délicatesse et d'une perfection bien supérieures à celles de Canton, et par conséquent plus recherchées.

Les motifs de décoration les plus communs sur les vases chinois représentent soit des arabesques floriformes, dont les couleurs dominantes sont, — en général — le vert, le bleu et le rouge; soit des paysages sans perspective; soit enfin des dieux (notamment le dieu de la porcelaine avec son ventre proéminent); des monstres fabuleux ou des personnages fantastiques, accompagnés souvent d'inscriptions reproduisant des maximes, des sentences ou des vers, extraits de poëmes en renom.

Le faisan chinois, le tigre impérial et surtout le dragon céleste, figurent sur la plupart des porcelaines, mais avec certaines modifications, suivant qu'elles ont été fabriquées pour l'empereur, pour les princes de sa famille ou seulement pour le commerce. Ainsi, par exemple : le dragon céleste « combattant les éléments » porte cinq griffes à chaque pied, sur les pièces destinées spécialement au service de l'empereur; il n'en a que quatre sur celles des princes de la famille impériale, et ne peut en avoir plus de trois sur les porcelaines faites pour passer dans le commerce.

Toutes les décorations chinoises pèchent plus ou moins contre les lois de la perspective et les règles du dessin; mais en revanche elles sont remarqua-

bles par la vivacité et l'éclat de couleurs variées
dont plusieurs n'ont pu être encore imitées d'une
manière satisfaisante en Europe, malgré les tentatives réitérées de nos plus habiles chimistes.
— Quant à la dorure, elle est fort loin d'être
belle.

Les Chinois usent d'un procédé pour produire à
volonté sur leurs porcelaines un effet qui chez nous
n'arrive que par hasard ou par accident de cuisson. A l'aide de ce procédé, toujours soigneuse-
ment tenu secret, ils font fendiller l'émail ou couverte de tel ou tel vase, en totalité ou partiellement
suivant leur désir, et dans tous les sens, de manière
à former des dessins irréguliers, rendus parfois plus
apparents au moyen de sanguine ou de toute autre
couleur foncée, introduite dans les fissures ou ger-
çures obtenues. Plus ces fissures sont nombreuses
et régulièrement disposées en réseaux, plus la pièce
acquiert de valeur.

Ce genre d'ornementation, qui n'a réellement
d'autre mérite que celui de l'étrangeté et de la rareté,
ajoute, lorsqu'il est heureusement réussi, une telle
valeur à la pièce que l'on en a vu dont le prix s'est
élevé, même en Chine, jusqu'à 7 ou 8,000 fr.

On appelle ces porcelaines « truitées » lorsque les
dessins ou réseaux en sont petits et très-multipliés,
et « craquelées » lorsqu'ils sont plus grands.

Comme il ne se trouve plus ou que bien rarement
des vases de ce genre dans les envois de porcelaine
reçus de la Chine depuis plusieurs années, on a

pensé que les Chinois avaient perdu le procédé qui leur permettait de les produire. Mais il est plus présumable que cette espèce de porcelaine est accaparée, comme toutes les anciennes de quelque mérite, par des amateurs riches et passionnés aussi nombreux en Chine que chez nous.

Quelle qu'en soit du reste la cause, les porcelaines qui nous arrivent maintenant de Canton sont tellement médiocres et de mauvais goût que l'on ne peut s'imaginer, d'après elles, jusqu'où les Chinois ont poussé l'art céramique.

Avant de quitter les porcelaines de Chine pour celles du Japon, nous croyons devoir parler de la célèbre tour ou pagode de porcelaine, élevée par les Chinois en 1277, près de Nan-King, sinon comme un exemple de ce que les Chinois étaient déjà, à cette époque, capables de faire en ce genre de poterie, du moins pour relever une erreur dans laquelle Balbi et Malte-Brun sont tombés tous deux d'après le récit de plusieurs voyageurs, en affirmant que l'on citait à tort cette tour comme étant de porcelaine; l'extérieur étant revêtu de « *briques ou faïence vernissée bleue, verte et jaune,* » *que l'on prend pour de la porcelaine.*

Il est certain, malgré cette affirmation, que la tour de Nan-King, aujourd'hui détruite par les rebelles, était revêtue de *briques de porcelaine*, dont l'amiral Cécile a rapporté à Sèvres un échantillon acquis par lui lorsqu'il visita cette tour en 1842, à la suite de l'expédition anglaise.

Le musée de Sèvres possède un modèle réduit de cette pagode.

Japon. — L'art de fabriquer la porcelaine ne tarda pas à se propager de la Chine en Corée et de là au Japon.

C'est, — comme le fait connaître un ouvrage japonais traduit par le docteur Hoffmann, professeur à Leyde, et publié en 1799, — à une colonie de Coréens établie dans l'île de Niphon, en l'an 27 avant Jésus-Christ., que l'introduction de cet art dans l'empire japonais est attribuée.

Pendant longtemps les Japonais restèrent inférieurs aux Chinois; mais, vers le XIIe siècle, ils parvinrent à rivaliser avec ces derniers, et à partir de cette époque il y a entre leurs porcelaines et celles de la Chine une telle analogie, qu'il est bien difficile de distinguer celles-ci de celles-là; d'autant plus qu'il n'existe aucun signe caractéristique d'après lequel on puisse établir d'une manière précise leur différente origine. Cependant, certaines œuvres japonaises, surtout celles produites dans le cours des XVIIe et XVIIIe siècles, se font distinguer des œuvres chinoises par leur pâte plus blanche et plus translucide, leurs ornements d'un travail plus achevé, et leurs dessins d'un meilleur goût, et se rapprochant davantage de l'imitation des objets représentés. Cette supériorité dans le dessin est due aux rapports des Japonais avec les Hollandais, qui leur firent, pendant longtemps, orner des porcelaines sur des modèles exécutés en Hollande.

Les porcelaines dont les décorations bleues sous couverte ont été tant de fois reproduites sur les faïences de Delft, Nevers et Rouen, sont généralement d'origine japonaise.

Les manufactures les plus nombreuses et les plus importantes se trouvent dans l'île de Kiou-Siou, mais les porcelaines les plus renommées sont fabriquées dans la province d'Imari, et à Kio ou Miako, très-grande ville de la province de Yamasiro, qui fut longtemps la capitale du Japon et est encore la résidence du Daïri ou descendant des anciens empereurs.

PORCELAINE EUROPÉENNE.

FRANCE.

On distingue dans la fabrication des porcelaines françaises deux périodes : la première, dite de la pâte tendre, et la seconde, dite de la pâte dure.

Première Période.

L'introduction des porcelaines chinoises et japonaises en Europe est due, d'abord aux Portugais qui en apportèrent des échantillons avec eux à leur retour du premier voyage qu'ils firent à l'île de Niphon, en 1518, et ensuite aux Hollandais. Dès qu'elle fut connue sur notre continent, cette précieuse poterie fut tellement recherchée que chaque nation fit à l'envi de persévérants efforts pour la produire. Mais de longues années s'écoulèrent sans amener aucun résultat satisfaisant ; et ce fut seulement vers la fin du XVIIe siècle que l'on parvint, après d'innombrables essais plus ou moins infructueux, à faire en Europe une porcelaine imitant exactement celle de provenance orientale. A la France revient l'honneur d'y avoir réussi la première; car, si l'on a fabriqué, de 1575 à 1587, à Florence, sous la protection de François-Marie de Médicis, grand-duc de Toscane, une porcelaine ayant beaucoup d'analogie avec celle provenant d'Orient, cette fabrication n'ayant pas eu de suite, il n'en est pas moins vrai que la porcelaine n'a réellement commencé à se produire en Europe d'une manière régulière, et sans aucune interruption, que du moment où fut fondée une manufacture à Rouen, par Louis Potrat, sieur de Saint-Etienne, autorisé par lettres-patentes de 1673, à fabriquer des porcelaines « à l'imitation de celles de Chine et du Japon [1]. »

A partir de cette époque — commencement de la première période — l'on voit diverses manufactures privilégiées s'établir en France successivement :

En 1691, à Saint-Cloud, sous la direction de Chicoineau, ayant pour ouvriers les frères Dubois [2].

En 1735, à Chantilly, sous la protection du prince de Condé, par Ciquaire Cirou, transfuge de la fabrique de Saint-Cloud, qui débaucha en outre plusieurs ouvriers, notamment les frères Dubois.

En 1740, à Vincennes, sous la direction de Orry de Fulvy, frère du ministre et intendant des Finan-

[1] Le Musée de Sèvres possède quatre spécimens de la porcelaine de Florence et un de la porcelaine primitive de Rouen.

[2] Détruite par un incendie en 1773, la manufacture de Saint-Cloud cessa de fonctionner, n'ayant pu être relevée faute de fonds suffisants pour sa reconstruction.

ces, ayant pour employés les mêmes frères Dubois, qui avaient quitté Chantilly pour Vincennes comme ils avaient précédemment abandonné Saint-Cloud pour Chantilly.

En 1750, à Mennecy-Villeroy, sous la protection du duc de Villeroy.

En 1755, à Orléans, sous la protection du duc de Penthièvre, et sous la direction de Louis Gérault.

Et en 1756, à Sèvres. — La manufacture de Vincennes, devenue manufacture royale en 1753, prit un tel accroissement qu'elle se trouva trop à l'étroit dans le château où elle avait été installée dès l'origine. On dut chercher un autre emplacement, et, comme le roi avait exprimé le désir de voir la manufacture se rapprocher de son séjour, on la transporta à Sèvres, dans des bâtiments construits sur l'emplacement de la maison de Lully.

D'autres établissements furent encore créés, notamment au faubourg Saint-Antoine à Paris, à Sceaux [1], à Tournay, à Arras, etc.; mais la plupart cessèrent bientôt de fonctionner; les uns, parce que les bénéfices n'étaient pas en rapport avec les dépenses occasionnées par la fabrication, et les autres, à cause des difficultés qui leur furent suscitées par la manufacture de Sèvres, en sa qualité de privilégiée.

---

[1] Ville tour-à-tour française et belge.

Deuxième Période.

La porcelaine française, tout en se perfectionnant, n'était toujours qu'une ingénieuse imitation artificielle de celle produite en Orient, et si elle possédait des qualités extérieures plus brillantes et plus séduisantes que celle-ci, le peu de plasticité de la pâte joint à sa composition compliquée, en rendait la fabrication très-difficile et par suite fort coûteuse, aussi ne cessait-on de chercher à découvrir les éléments de la véritable porcelaine chinoise.

Le P. d'Entrecolles avait bien tenté, dans son écrit publié à Paris en 1717, de révéler à la France le secret de la composition de la porcelaine chinoise qu'il s'était procuré pendant son séjour à King-te-Tching. Il fit bien connaître tous les procédés employés et indiqua comme matières principales, le kaolin et le pétung-tsé. Mais on ne sut pas découvrir la nature des substances désignées par ces deux noms chinois, et l'on fut persuadé qu'il n'en existait pas de semblables en France. Un seul homme, après avoir analysé les échantillons rapportés par le P. d'Entrecolles, affirma que la France recélait dans son sein des terres de même nature et qu'il ne s'agissait que de les découvrir. Cet homme, c'est le célèbre Réaumur.

Plus tard, en 1753, Paul Hannong, dont nous avons eu occasion de parler précédemment, et qui fabriquait déjà à Haguenau de la porcelaine dure d'après les procédés dont on faisait usage en Allemagne depuis 1710 — procédés que des ouvriers transfuges de ce pays lui avaient procurés, — vint proposer à M. Boileau, alors directeur de la manufacture de Vincennes, de lui céder son secret. Non-seulement cette proposition ne fut pas acceptée — la somme demandée par Hannong pour prix de ce secret ayant paru trop exagérée — mais bien plus, suivant arrêt de 1754, on fit défense à Hannong de continuer sa fabrication de porcelaine en France. Il porta alors son industrie en Allemagne où il créa, avec l'autorisation de l'électeur Palatin, en 1755, la célèbre manufacture de Frankentall.

Enfin M Boileau, devenu directeur de la manufacture royale de Sèvres, entreprit, — se conformant en cela au désir de Louis XV, — de nouvelles négociations avec Pierre-Antoine Hannong, fils et successeur de Paul Hannong, pour assurer à la France la possession d'un secret si désirable et, le 26 juillet 1761, il intervint entre lui et Hannong, un traité par lequel celui-ci s'obligeait à faire connaître les matières premières ainsi que les procédés employés dans la fabrication de la porcelaine dure. Mais comme on ne put se procurer les matières premières dont la découverte n'avait pas encore été faite en France, et dont l'exportation des pays d'où elles-auraient pu être tirées était très sévèrement prohibée, un dédommagement fut offert à Hannong, et le traité fut annulé.

On fit alors plus que jamais des recherches sur tous les points de la France pour trouver cette argile que l'on savait être tout-à-fait indispensable à la confection de la véritable porcelaine.

Mais toutes ces recherches étaient demeurées in-. fructueuses, quand un hasard providentiel, venant en aide à la science, conduisit enfin à la découverte du kaolin.

La femme d'un médecin de Saint-Yrieix, près Limoges, nommé Darnet, avait remarqué près d'un ruisseau une terre blanche onctueuse et lui paraissant savonneuse. L'idée lui vint que cette terre pouvait servir à blanchir le linge, et elle en emporta une petite quantité pour la montrer à son mari. Celui-ci, pensant que cette terre pouvait avoir d'autres propriétés que celle de blanchir la toile, la fit analyser par un chimiste du nom de Villaris, lequel crut y trouver des qualités propres à la fabrication de la porcelaine et, pour s'en assurer, en envoya un échantillon au chimiste Macquer, qui s'occupait alors avec ardeur de la recherche du kaolin. Macquer, ayant reconnu de suite dans cet échantillon le véritable kaolin, fit, dans le courant d'août 1768, un voyage à Saint-Yrieix et, ayant découvert dans les environs de cette ville une veine de cette argile si vivement désirée, il en rapporta à Paris une certaine quantité qui, après diverses expériences faites à Sèvres, fut reconnue pour être du kaolin d'une excellente qualité [1]. — On l'employa dans la fabrication, et la seconde période dite de la pâte dure commença.

Deux espèces de produits se trouvant dès-lors en présence, on distingua l'un de l'autre en donnant à chacun une dénomination appropriée à la nature de sa pâte. La porcelaine primitive entrant, sous l'action du feu, plus promptement en fusion que celle récemment découverte, on appela celle-ci *porcelaine dure*, tandis qu'on appliqua à l'autre le nom de *porcelaine tendre*.

Cette dernière est, sous certains rapports, supérieure à sa rivale. Sa translucidité est plus grande; son blanc, d'un ton laiteux, plaît davantage à l'œil; et son vernis, susceptible de recevoir dans son ornementation presque toutes les couleurs, et de les rendre avec autant d'éclat que de pureté, possède à un haut degré la précieuse propriété de se laisser si profondément pénétrer par elles, en se vitrifiant, qu'il en résulte un effet analogue à celui qui se produit quand les couleurs sont mises sur la pièce avant le vernissage ou la mise sous couverte. Ce résultat, qui rend les décorations si séduisantes en donnant aux tons une grande harmonie, ne peut être obtenu, au même degré de perfection, avec le vernis de la pâte dure.

---

[1] Une chose digne de remarque, c'est que l'Allemagne comme la France, ainsi qu'on le verra plus loin, a dû la découverte du kaolin à une circonstance imprévue.

Aussi malgré ces brillantes qualités, sa fabrication ne pût marcher long-temps de pair avec celle de la porcelaine dure. Elle commença à décliner du moment où l'on eût reconnu,. par l'usage, qu'elle ne jouit pas autant que cette dernière de la qualité de conservation [1].

Puis, quand à l'aide de procédés incessamment perfectionnés, on produisit de plus en plus facilement la porcelaine dure, et que, par suite, on en abaissa successivement le prix, la porcelaine tendre, toujours fort chère, à raison de sa composition compliquée et peu plastique de sa pâte, ne pouvant soutenir plus longtemps la concurrence, finit par être abandonnée tout-à-fait.

De tous les établissements qui fabriquaient la pâte tendre suivant les anciens procédés de Sèvres, il n'en existe aujourd'hui que deux : l'un en France, à Saint-Amand-les-Eaux, et l'autre en Belgique, à Tournay.

Dès 1804, la manufacture de Sèvres avait elle-même renoncé complètement à la fabrication de la pâte tendre, cause première de sa célébrité; elle y est revenue depuis plusieurs années, mais seulement pour la confection d'objets d'art et de luxe.

La composition de cette pâte a été modifiée et

---

[1] Effectivement le vernis de la pâte tendre est de nature à s'user par le frottement et à se rayer avec une grande facilité sous la pointe d'un couteau ou de tout autre instrument d'un métal un peu dur.

grandement améliorée, et pourtant le prix d'une pièce en porcelaine tendre est beaucoup plus élevé que celui d'une semblable pièce en porcelaine dure.

Avec l'emploi du kaolin, l'industrie porcelainière prit un nouvel essor et de nombreuses manufactures furent créées sur tous les points de la France, particulièrement à Paris et dans ses environs.

Toutes, sous la protection des princes de la famille royale et autres personnages notables, s'efforçant de rivaliser avec l'établissement de la Couronne, — nonobstant les restrictions que leur imposaient les priviléges de cet établissement, — grandissaient et prospéraient, lentement pourtant, lorsque surgirent les grands principes de 89 : dégagées des entraves incessantes qui paralysaient leur développement, elles purent alors avec sécurité suivre leur propre impulsion, tandis que Sèvres, arrêtée dans sa marche ascendante par la chute de la royauté, fut livrée à ses seules ressources. Cette manufacture type, par l'émigration de ses meilleurs ouvriers, qu'elle ne pouvait plus convenablement rétribuer, menaçait de sombrer, quand le Gouvernement qui s'en aperçut, en confia, en 1800, la direction au savant minéralogiste Brongniart, dont la sage administration sut en peu de temps la relever.

VINCENNES. — Les débuts de cet établissement furent des plus pénibles, et le marquis de Fulvy, son fondateur, étant à bout de ressources, prit le parti de former, avec le concours de son frère, le comte

Orry de Fulvy, contrôleur-général des finances, une association de huit membres, en vue d'en conjurer la ruine devenue imminente. Mais cette mesure n'eut pas le résultat qu'il en attendait; la situation, loin de s'améliorer, empira de jour en jour et devint enfin tellement critique que les associés eussent été contraints d'abandonner la fabrication, faute de pouvoir subvenir à ses frais, si, à l'instigation de madame de Pompadour, qu'ils surent mettre dans leurs intérêts, le roi n'était venu à leur secours.

Louis XV érigea la manufacture menacée dans son existence en manufacture royale, et lui octroya de nombreux priviléges. Marchant désormais sans entrave, elle prit en peu de temps une si grande extension que, l'espace venant à lui manquer, elle dut abandonner le château de Vincennes pour aller s'installer à Sèvres dans de plus spacieux bâtiments, construits spécialement pour son usage.

Les produits de l'ancienne manufacture de Vincennes sont aujourd'hui très-recherchés, tant pour leur mérite que pour leur rareté. Aussi le prix en est-il toujours fort élevé.

Sèvres. — La manufacture royale fonctionnait à Sèvres depuis un an à peine quand Louis XV, se substituant aux associés qu'il désintéressa, en devint l'unique propriétaire.

A partir de ce moment, elle prit de vastes proportions, et de perfectionnements en perfectionnements, acquit une renommée européenne [1] et cette supériorité qui grandit sans cesse. Depuis cette époque, la manufacture de Sèvres est sans rivale dans le monde. C'est grâce à l'excellence des matières employées dans la fabrication, et plus encore au talent des artistes qui se sont inspirés du goût et de la délicatesse des œuvres du XVIIIe siècle, que cette incontestable supériorité a pu se maintenir.

Sèvres rencontra dans la marquise de Pompadour une zélée protectrice qui, non contente d'avoir suggéré au roi la détermination de patronner d'abord et d'acquérir ensuite la manufacture, lui vint en aide en maintes circonstances, et s'acquit un titre à la reconnaissance de son pays, en contribuant puissamment à la conservation et à la prospérité de cet établissement devenu l'une des gloires de la France.

La célèbre favorite, passionnée pour l'art de la peinture, aurait entrepris de décorer des porcelaines, et y aurait réussi avec succès. Après s'être d'abord appliquée à copier les maîtres, elle aurait produit de nombreuses compositions. On va même jusqu'à lui attribuer de bonnes reproductions de Boucher, Vien, Vanloo, etc., conservées au musée Céramique, ainsi que plusieurs œuvres mythologiques ou allégoriques, parmi lesquelles figure une

---

[1] Les dons de ses meilleurs produits faits par Louis XV aux souverains de la Russie, de la Turquie, de la Suède et du Danemark y contribuèrent puissamment.

Minerve bienfaitrice et protectrice de la gravure, qui a fait une grande sensation dans les salons de Paris lors de son apparition.

Mais c'est une erreur trop de fois répétée par certains écrivains, en vue de donner plus de charme à leur récit, que d'attribuer à la marquise de Pompadour une si grande part à la fondation et au développement de la manufacture ; erreur que, d'après l'autorité incontestable de M. Riocreux, nous n'hésitons pas à relever.

La marquise a pu, dans ses conversations avec son royal amant, donner des éloges aux travaux de la manufacture de Sèvres et encourager cet établissement par des commandes personnelles ; mais il y a loin de ces faits à la part directe qu'on lui prête. Quant à avoir occupé ses loisirs à peindre des porcelaines, on ne trouve dans les archives et dans les souvenirs traditionnels de Sèvres absolument rien qui puisse le prouver.

Sous la dénomination de « Vieux-Sèvres » on comprend toutes les porcelaines tendres fabriquées par la manufacture Royale, du jour de sa fondation à la fin du XVIIIe siècle, et on les distingue en genres ou styles dits : « Pompadour ou Rocaille », de 1756 à 1764 ; « Louis XV », de 1764 à 1786 ; et « Louis XVI », de 1786 à 1793.

Vers la fin du siècle dernier, ces gracieux genres furent tout à coup délaissés pour le style antique, et les vases affectèrent les formes Etrusques, Egyptiennes, Grecques et Romaines. Le premier Empire ainsi que la Restauration ont sans doute créé, dans ce genre, de magnifiques œuvres; mais la froide rigidité de leurs lignes n'offre pas autant d'attrait que ces capricieux et délicieux contours qui caractérisent les vases des époques antérieures. Aussi n'a-t-on pas longtemps persévéré dans ce style. Sèvres, depuis une trentaine d'années, a adopté des formes et des décorations d'un aspect moins sévère. Dans ces derniers temps elle est parvenue, en puisant à toutes les écoles, à créer, dans un style nouveau, des œuvres ravissantes et supérieures à celles de la meilleure époque du XVIIIe siècle.

Quelques personnes ne voient dans la manufacture impériale de Sèvres qu'un établissement nuisible à l'industrie particulière et lui faisant une concurrence fâcheuse. Cela pouvait être vrai, lorsque, usant de ses priviléges, la manufacture de Sèvres faisait une guerre acharnée aux autres établissements, et même, ce qui eut lieu pendant un certain temps, les empêchait d'employer dans l'ornementation la dorure dont elle avait obtenu le monopole; mais il n'en est plus ainsi maintenant, et loin d'entraver le commerce porcelainier, elle le met à même de profiter des perfectionnements et des découvertes qu'elle fait journellement. Sèvres est devenue une véritable école où se forment incessamment des potiers, des modeleurs, des peintres, des doreurs, etc., qui, devenus habiles, s'en vont répandre en France et à l'Étranger, l'usage des meilleurs procédés. Il ne se passe pas de jour où l'on ne fasse dans ses ateliers des expériences de tout genre tendant au perfectionnement de l'art de la poterie. — Expériences souvent trop coûteuses pour que l'industrie privée puisse les tenter. — Un résultat heureux y est-il obtenu, aussitôt il se propage et va exciter chez nos fabricants cette émulation grâce à laquelle la France garde sa place en tête de toutes les nations.

C'est ainsi que nous avons pu laisser de beaucoup en arrière les Chinois et les Japonais dans cet art, né chez nous d'hier, et pratiqué chez eux depuis tant de siècles. Ils ont été nos maîtres, nous les avons imités longtemps, et parfois nous les imitons encore ; mais c'est à la condition de faire mieux qu'eux. Si, sous le rapport de la vivacité et de la variété des couleurs, nos porcelaines ont encore à envier quelque chose aux anciens produits de la Chine et du Japon, de combien ne sont-elles pas supérieures à ces derniers sous le rapport de l'élégance des formes et de l'exquise délicatesse des décorations ? Nous n'avons pu imiter encore tous les émaux de couleurs des Chinois et des Japonais ; mais nous en avons inventé d'autres qu'ils ne possédaient pas et qu'ils ne dédaignent pas de nous emprunter aujourd'hui.

Tout ce que nous avons dit touchant les porcelaines peintes et décorées de Sèvres, s'applique également à ses figurines, bustes, groupes et autres œuvres d'art en biscuit, toujours incomparables par le mérite de leur composition et par l'exquise exécution du travail. La pâte, dite à sculpture, dont il est fait usage dans leur fabrication, rappelle, par son beau blanc légèrement bleuâtre et sa transparence, le marbre de Carrare.

PARIS ET SES ENVIRONS. — Parmi les fabriques parisiennes créées pendant le cours de la seconde moitié du XVIIIe siècle, et qui, presque toutes, ont cessé d'exister, on cite, comme s'étant plus particulièrement distinguées par l'excellence de leurs produits, dont un grand nombre est digne de figurer dans les collections, celles situées tant à l'intérieur qu'à l'extérieur de Paris, et dites de :

1o *Louis-Philippe d'Orléans*, — rue du Pont-aux-Choux, — fondée en 1756.

2o *Pierre-Antoine Hannong*, — faubourg Saint-Lazare, — en 1761.

3o *Locré* — ou *de la Courtille*, — rue Fontaine-au-Roi, — en 1773.

4o *Advenir-Lamarre*, — au Gros-Caillou, — en 1773.

5o *Morelle*, — faubourg Saint-Antoine, — en 1773.

6o *Souroux*, — même faubourg, — en 1773.

7o *Comte d'Artois*, — faubourg Saint-Denis, — en 1773.

8o *Duc d'Angoulême* — ou *de Dihl et Guerard*, — rue de Bondy, — en 1780.

9⁰ *La Reine* — *ou de Lebœuf*, — rue Thiroux, — en 1780.

10⁰ *Monsieur* — *ou Deruelle*, — à Clignancourt, — en 1773.

Ces établissements, à l'exception du premier et du dernier qui ont fabriqué la porcelaine tendre, n'ont fait généralement que de la porcelaine dure.

L'industrie parisienne s'est efforcée, en tout temps, d'imiter les porcelaines de la manufacture de Sèvres : aussi ses produits, à part leur infériorité, ont-ils avec ceux de cette dernière une analogie plus ou moins grande ; aucun d'eux n'offre un caractère distinctif ; ce n'est qu'à l'aide de sa marque ou d'une étude approfondie qu'une pièce peut être reconnue comme provenant de telle ou telle fabrique.

CHANTILLY. — Cette manufacture n'a pas tenu ce que promettaient ses brillants débuts. Elle a commencé par la fabrication de la pâte tendre et a fini par celle de la pâte dure. Les produits de la première période sont d'une qualité bien supérieure à ceux de la dernière. Ils ont de l'analogie avec ceux de Saint-Cloud et sont fort appréciés des amateurs.

ETIOLLE près Corbeil. — Sous la direction de Monnier, porcelaines « pâte tendre » qui rappellent par leurs qualités celles de la manufacture suivante.

Mennecy-Villeroy. — Les produits « pâte tendre » de cet établissement — surtout ceux datant de 1740 à 1773 — rivalisent avec ceux de Sèvres de la même époque.

Niederviller et Haguenau [1]. — Ainsi que nous l'avons dit lorsque nous nous sommes occupé des faïences, les manufactures de Niederviller et de Haguenau ont fabriqué de la porcelaine dure dont le caractère tient de la manière allemande; cela vient de ce que toutes deux ont employé, à l'origine, des ouvriers de cette nation. Certaines de leurs porcelaines, sous le rapport des décorations, n'ont rien à envier à celles de Saxe.

Limoges. — En devenant le centre le plus considérable de fabrication de la porcelaine française, Limoges a encore vu s'étendre la grande et antique célébrité que ses magnifiques émaux lui ont value.

Par sa proximité de Saint-Yrieix [2], cette ville semblait destinée à profiter la première de la découverte du kaolin; il n'en est pourtant pas ainsi. Bien qu'elle eût sous la main, pour ainsi dire, tous les éléments nécessaires à sa fabrication, l'industrie porcelainière de Limoges, presque nulle de 1768 à 1793, était comprimée, là comme partout

[1] Voyez pour les faïences de ces manufactures, pages 29 et 32.

[2] La distance entre Limoges et Saint-Yrieix n'est que de 12 kilomètres environ.

ailleurs, par les priviléges exorbitants de la manufacture de Sèvres. C'est seulement à partir de l'aboli-
tion de ces priviléges qu'elle commença à se dévelop-
per. Ses progrès furent rapides et prirent enfin la
plus grande extension. — On compte à Limoges
douze manufactures en pleine activité, parmi lesquelles nous citerons celles de MM. Alluaud, Pouyat
et Chabrol, dont les produits se sont fait distinguer
à l'Exposition française universelle de 1855.

Limoges fabrique particulièrement la porcelaine
de service; cependant elle a fabriqué des pièces de
luxe et des objets d'art d'un beau caractère et d'une
belle exécution.

ALLEMAGNE.

Dès 1710, une véritable porcelaine dure, en tout semblable à la porcelaine orientale, inventée par Jean-Frédéric Boettcher, né à Schlaiz, en Voigtland, le 4 février 1682, fit son apparition en Saxe, à Meissen.

Avant de parvenir à la découverte de cette porcelaine, Boettcher s'était livré aux plus opiniâtres recherches, et avait fait d'innombrables expériences, d'abord seul, puis avec Ehreinfried Walther de Tschirnhausen, qui, lui aussi, cherchait le moyen de fabriquer une poterie semblable à celle provenant de la Chine. Afin qu'aucun œil étranger ne pût saisir la moindre partie de leurs secrets, ils restèrent confinés pendant plus d'une année avec deux ou trois de leurs principaux ouvriers, dans la forteresse de Koenigstein, sans aucune espèce de communications avec le dehors. Mais, lorsque, en 1708, Walther de Tschirnhausen [1] vint à mourir, les deux associés n'avaient encore réussi qu'à trouver une

[1] Né le 10 avril 1651, il mourut le 11 octobre 1708.

assez belle poterie de la nature du grès, de couleur rougeâtre et non transparente, à laquelle on donnait l'éclat de la porcelaine en en usant sur la roue la surface ou en revêtant celle-ci d'un vernis coloré et opaque.

Resté seul, Boettcher n'en poursuivit pas moins ses recherches ; mais deux années s'étaient écoulées depuis la mort de Tschirnhausen sans qu'il eût obtenu un résultat satisfaisant, et le découragement commençait à s'emparer de lui, quand une circonstance, insignifiante en apparence, vint le mettre sur la véritable voie.

Un jour de l'année 1710, au moment où il se préparait à se faire coiffer et poudrer les cheveux, suivant la mode du temps, son valet de chambre lui présenta un paquet d'une poudre de nouvelle invention qu'il venait d'acheter, parce qu'elle était, lui avait-on dit, préférable à celle dont on faisait généralement usage, et d'un prix beaucoup moins élevé. Boettcher prit dans ses mains le paquet, et, surpris de son poids excédant de beaucoup celui de la fleur de farine parfumée dont il se servait ordinairement, il demanda à son valet quel nom on donnait à cette substance. Celui-ci ayant répondu que c'était une *terre* dite de « Schnorr », du nom de son inventeur, la pensée vint aussitôt à Boettcher qu'une argile d'une si parfaite blancheur, et susceptible d'être réduite en une poussière aussi impalpable, pouvait être d'un excellent usage en poterie. Il s'enquit aussitôt de son origine, et voici ce qu'il apprit :

Un riche maître de forges de l'Erzgebirge, nommé Jean Schnorr, passant à cheval dans les environs d'Aue, près de Schneeberg, remarqua que les pieds de sa monture s'enfonçaient dans une terre blanche, onctueuse et tenace; il descendit de cheval, et examina avec attention cette terre qui lui parut propre à être employée à poudrer les cheveux. Il en emporta chez lui et, l'ayant purifiée, séchée et pulvérisée, il obtint un résultat conforme à son attente. Alors il s'empressa d'établir une fabrique de cette poudre qui — pouvant être vendue à plus bas prix que celle composée de fleur de farine, dont l'usage était général — ne tarda pas à lui être substituée dans toute la Saxe.

Boettcher, s'étant procuré une certaine quantité de terre de « Schnorr », y reconnut le véritable kaolin qui, après avoir échappé si longtemps à ses laborieuses recherches, s'offrait à lui d'une manière si inopinée. Ce kaolin se trouva être d'une excellente qualité, car c'est à lui que la Saxe a dû, en grande partie, la supériorité dont elle a joui pendant longtemps; c'est encore le kaolin d'Aue que la manufacture de Meissen emploie de préférence pour sa porcelaine de luxe.

Boettcher, bien convaincu de l'importance de sa découverte, s'empressa d'en informer Frédéric-Auguste Ier, roi de Pologne et électeur palatin, qui créa à Meissen, dans le château d'Albrechtsburg, une manufacture royale dont il donna la direction à Boettcher; et, afin de conserver tous les avantages d'une si précieuse découverte à la Saxe, en lui assurant le monopole de la fabrication, Frédéric-Auguste prit les mesures les plus rigoureuses à l'effet d'en tenir secrets les modes et procédés. La manufacture fut soumise à toutes les conditions d'une forteresse, et nul, à l'exception des employés, ne pouvait y être admis. Le kaolin y était transporté sous escorte militaire, et dans des barils scellés aux armes du roi. On alla même jusqu'à exiger des ouvriers et autres employés le serment de ne divulguer à personne tout ou partie des secrets de la fabrication, sous peine de mort, ou d'emprisonnement perpétuel dans la forteresse de Koenigstein.

Mais, en dépit de ces précautions, le secret ne tarda pas à être dévoilé par des ouvriers transfuges, et les procédés de la fabrication de la porcelaine se répandirent alors dans toute l'Allemagne.

Le premier révélateur est un nommé Stoebzel qui, s'enfuyant en 1718 de Meissen, — dont il était l'un des plus habiles ouvriers, — vint se réfugier à Vienne, où il créa vers 1720, avec le concours d'un belge nommé Pasquier, une manufacture, pour laquelle il obtint de l'empereur Charles VI, un privilège de vingt-cinq ans. Stoebzel et son associé ne purent donner à cette manufacture une grande extension, faute de fonds et peut-être aussi, faute de pouvoir se procurer aisément des matières premières de bonne qualité. Ils se trouvaient même dans la nécessité de cesser leur fabrication, quand l'impératrice Marie-Thérèse vint à leur secours en

achetant leur établissement qu'elle érigea en manufacture impériale vers 1744.

On cite, comme ayant aidé le plus à la propagation de la fabrication de la porcelaine, Ringler,
aussi déserteur de Meissen. — Après être parvenu à
s'échapper de cette manufacture, il rejoignit Stoebzel à Vienne, et s'engagea à travailler avec lui pendant un temps déterminé; mais, excité par l'appât
du gain, il le quitta avant l'expiration de son enga-
gement pour aller à Hoechst-sur-le-Mein, où, s'as-
sociant à Gelz qui y fabriquait alors de la faïence,
il créa une manufacture de porcelaine. En 1755,
Ringler abandonna cet établissement pour travailler
avec Paul Hannong qui fondait à cette époque la
manufacture de Frankentall. Enfin, après y être
resté trois ans, il se fixa à Munich et y établit la
fabrique de Nymphenbourg sous la protection du
roi de Bavière.

Ainsi qu'on vient de le voir, la fabrication de la
porcelaine passa de Meissen en Autriche pour reve-
nir en Allemagne, d'où elle se propagea rapidement
dans les pays voisins et notamment en Prusse, en
Danemarck, en Suède et en Russie.

MEISSEN. — De toutes les manufactures de la
Confédération germanique, les plus célèbres sont
celles de la Saxe et principalement celle de Meissen
qui, fondée ainsi que nous l'avons dit, dès 1710
par Frédéric-Auguste, n'a pas cessé de fonctionner
jusqu'à présent. Elle rivalisa pendant longtemps

avec la France, et ses produits, surtout ceux qui
ont reçu la dénomination de « Vieux-Saxe, » sont
avidement recherchés. Ses productions remarquables représentant, souvent grands comme nature,
des animaux de toutes espèces, même de la plus
grande, ou des fruits et fleurs d'une vérité frappante
et d'une exquise délicatesse, lui ont acquis une
grande renommée.

Quant à ses groupes et figurines grotesques, dont
le style n'est peut-être pas toujours heureux, ils
brillent par le fini de l'exécution et surtout par l'exactitude des costumes. Parmi les pièces de ce genre
nous citerons « le tailleur du comte de Bruhl et sa
femme », deux groupes d'un comique achevé, com-
posés par Kandler qui, de 1730 à 1760, s'est placé
au premier rang dans la fabrication des groupes,
figurines, guirlandes de fleurs, bouquets, chande-
liers, vases, animaux, etc.

On attribue aussi à ce célèbre modeleur « le Carnaval de Venise ». Cette œuvre drôlatique des plus
complexes, se compose du bœuf-gras escorté de cent
et quelques figurines représentant toutes l'Amour
sous un déguisement différent — en médecin, apo-
thicaire, procureur, rémouleur, jardinier, perru-
quier, etc.; — de deux chars attelés chacun de quatre
tre chevaux et remplis de personnages masqués et
costumés; enfin d'une pendule style rocaille surmontant le tout. Toutes ces pièces, en porcelaine
émaillée et artistement décorée, étant indépendantes
l'une de l'autre, peuvent être réunies ou séparées

à volonté, aussi « le Carnaval de Venise complet » est-il devenu aujourd'hui d'une excessive rareté et d'un grand prix [1].

Parmi les plus habiles décorateurs de porcelaine, Angélique Kauffmann s'est fait particulièrement remarquer; aussi ses œuvres sont-elles très-estimées, surtout en Allemagne.

Désirant établir dans leurs États des manufactures de porcelaine, la plupart des princes allemands cherchèrent par tous les moyens à attirer les ouvriers des fabriques existant déjà dans d'autres pays. Des promesses et des offres de sommes d'argent souvent importantes leur furent faites, et le sol de la Confédération germanique se couvrit bientôt de fabriques qui réussirent presque toutes. Nous nous bornerons à indiquer les plus remarquables.

HŒCHST-SUR-LE-MEIN. — La manufacture créée par Ringler vers 1740, sous l'électorat de Jean-Frédéric-Charles, archevêque de Mayence, se distingua plus particulièrement par la beauté de ses œuvres sous le patronage de l'électeur suivant, Emmerich-Joseph, et sous la direction du célèbre Melchior dont les travaux sont très-estimés. — Il n'en fut pas de même lorsque Ries succéda à Melchior : à partir de

---

[1] On a pu en voir un à peu près complet, composé de 85 pièces, à l'exposition d'archéologie et de beaux-arts qui a eu lieu à Chartres en 1858.

cette époque on remarqua une espèce de dégénéres-
cence dans l'exécution des figurines ; les têtes en
sont généralement en disproportion avec les autres
parties du corps.

Cet établissement fut ruiné par suite de l'occupation française en 1794. — Un autre a été fondé
depuis dans le voisinage de Hoechst, par M. Dahl.
Ses produits, genre Saxe, en faïence émaillée, ont
conservé la marque de l'ancienne fabrique, la roue
électorale accompagnée de la lettre D, initiale du
nom du fabricant.

FRANKENTALL (Bavière-Rhénane). — Les porcelaines de cette manufacture ont rivalisé avec les
plus belles de la Saxe. Devenue la propriété de
Charles-Théodore, électeur palatin, qui l'acheta
à la mort de Hannong, en 1761, cette fabrique
était en pleine activité quand l'invasion du Palatinat, par les armées françaises, vint lui porter
un coup d'autant plus fatal, que lors de la réunion
du Palatinat à la Bavière, Charles-Théodore la né-
gligea complétement. Elle était tombée si bas à l'é-
poque de la mort de ce prince, en 1799, que l'on
jugea à propos d'en envoyer les ouvriers à Nymphenbourg et de vendre les bâtiments ainsi que le
matériel. Von Remon qui en devint acquéreur, fit
venir des ouvriers de Greinstadt. Cet établissement
existe encore aujourd'hui et appartient à Franz Bartolo, qui a adopté pour marque les initiales F. B.

FURSTEMBERG-SUR-LE-WESER. — Charles, duc de Brunswick, voulant fonder une manufacture de porcelaine dans sa principauté, décida, au moyen d'une somme d'argent considérable, Bengraff, qui travaillait alors à Hoechst avec Ringler, à venir à Furstemberg; surpris par la mort, Bengraff ne put donner une grande importance à cet établissement. Ce n'est que sous la direction du baron Von Lang, choisi par le duc de Brunswick pour succéder à Bengraff, qu'il commença à progresser.

LUDWIGSBURG (dans le Wurtemberg). — C'est encore Ringler qui créa en 1758, sous la protection du prince Charles-Eugène, la manufacture de Ludwigsburg. Elle se fit de suite remarquer par l'excellence de ses produits et surtout par la délicatesse et le goût de ses décorations.

Cette fabrique ne fonctionne plus depuis 1824.

NYMPHENBOURG, près Munich. — Cette manufacture, également fondée par Ringler, vers la même époque, devint, sous le patronage du roi, la manufacture royale de Bavière: elle existe encore aujourd'hui.

La fabrication en blanc se fait à Nymphenbourg et la décoration à Munich.

RUDOLSTADT. — C'est la plus ancienne de toutes les manufactures de la Thuringe: érigée en 1758.

elle atteignit son état le plus florissant vers 1795. Ses produits sont recherchés.

Les fabriques de Anspach, Gera et celle de Seltzerolde, fondée en 1762, et transportée en 1767 à Wolkstadt, ont rivalisé avec Rudolstadt.

ANGLETERRE.

De tous les genres de porcelaine fabriqués jusqu'à ce jour en Angleterre, aucun ne peut être rangé dans la classe des porcelaines dures de provenance allemande ou française, tout en s'en rapprochant par ses éléments kaoliniques et feldspathiques, ni dans celle des porcelaines tendres de même nature que le « Vieux-Sèvres. »

Alex. Brongniart, dans son *Traité des Arts céramiques*, désigne la porcelaine anglaise sous le nom de « Porcelaine pâte tendre naturelle. »

Bow et CHELSEA. — Ces deux manufactures, les plus anciennes du Royaume-Uni, ont été transportées et réunies à la manufacture royale de Derby : — Bow, en 1748; et Chelsea, en 1764. — Leurs produits, assez rares aujourd'hui, sont également estimés.

Déjà renommé dès 1745, l'établissement de Chelsea fut dans son état le plus florissant de 1750 à 1764, époque de sa translation à Derby.

Il règne sur son histoire une grande incertitude. On ignore jusqu'à ce jour l'époque de son origine et le nom de son fondateur.

Quelques-uns en attribuent la création aux frères

Elers de Nuremberg qui, après avoir établi dans le Staffordshire une faïencerie dont les produits avaient dès 1710, sauf la transparence, quelque analogie avec la porcelaine, allèrent se fixer dans un des faubourgs de Londres.

Suivant d'autres, un des ouvriers de ces frères Elers, nommé Astbury, serait venu à Chelsea après avoir dérobé à ses patrons leurs procédés de fabrication, en dépit de toutes les mesures prises par eux pour les tenir secrets. Voici, d'après ce qu'on raconte, comment il s'y prit pour en arriver plus sûrement à ses fins : sachant que les Elers préféraient prendre à leur service les ouvriers qui, par leur intelligence peu développée, paraissaient les moins aptes à s'approprier la connaissance de leurs procédés, Astbury se présenta avec l'apparence d'un idiot, et demanda à être employé comme ouvrier. Il fut accepté avec empressement, et, pendant plusieurs années qu'il travailla dans la fabrique, il ne se départit pas un seul instant du rôle qu'il s'était imposé; aussi les frères Elers, dupes de ce feint idiotisme, n'eurent-ils rien de caché pour Astbury, qui parvint ainsi à surprendre jusque dans les moindres détails tous les modes et procédés de fabrication.

Enfin, une autre version représente Chelsea comme ayant été créée par des ouvriers vénitiens. Cette dernière opinion est fondée sur ce que cette manufacture marquait dès l'origine ses produits d'une ancre semblable à celle en usage sur les porcelaines de Venise.

Worcester. — On fabriquait déjà depuis assez longtemps la porcelaine dans le comté de Worcester, quand, en 1751, la manufacture de la « Worcester porcelain Company » y fut établie par le docteur Wall, inventeur du mode de décoration par impression. Cette manufacture, remarquable par l'excellence de ses produits, est encore aujourd'hui en pleine activité.

Dirigée d'abord par le docteur Wall, elle le fut ensuite, jusqu'en 1783, par Cookworthy de Plymouth, qui trouva le kaolin de Cornouailles peu de temps après la découverte de celui de Saint-Yrieix, et par Thomas Flight à partir de cette époque. MM. Ker et Binns en sont les propriétaires actuels.

La décoration bleue sur fond blanc, caractéristique du « Vieux Worcester » et de quelques autres anciennes porcelaines anglaises, a une si parfaite similitude avec celle de Saint-Cloud, qu'il est bien difficile de ne pas lui accorder une origine française.

A qui l'industrie anglaise est-elle redevable de la connaissance de ce genre de décoration ? Peut-être à un ouvrier transfuge de notre pays, peut-être aussi à Martin Lister, car on sait que celui-ci, lors du voyage qu'il fit en France en 1698, visita Saint-Cloud, dont les produits lui parurent tellement remarquables, qu'il en a fait le plus grand éloge, les mettant au-dessus de ceux de la Chine, pour la blancheur et la transparence de leur pâte. Or n'est-il pas possible que, dans le but de les importer dans sa patrie, il se soit appliqué à saisir les modes et procédés de décoration? Pour y parvenir, un seul coup d'œil a pu suffire à un homme aussi profondément versé dans les sciences physiques : — il était tout à la fois médecin, naturaliste et chimiste.

BURSLEM et STOKE-SUR-TRENT. — La partie du Staffordshire appelée « Potteries District » est le centre le plus ancien et le plus considérable de production de la poterie anglaise.

Burslem et Stoke-sur-Trent sont les chefs-lieux du district. La population des nombreux villages qui les entourent s'élevait, au commencement de ce siècle, à 60,000 âmes environ; cette population, qui, depuis, s'est encore accrue considérablement, est tout entière occupée à la fabrication.

Vers 1750, Littler, Yates et Raddeley tentèrent d'introduire la fabrication de la porcelaine dans le Staffordshire, qui y était resté étranger jusque-là, mais ils échouèrent dans leur entreprise.

Josiah Wedgwood, né à Burslem, en 1730, de Thomas Wedgwood, qui lui-même était potier, fut plus heureux; il créa, en 1752, dans sa ville natale, une manufacture, qui d'abord peu importante, prit de jour en jour une grande extension. Il la fit fonctionner jusqu'en 1771, époque à laquelle il quitta Burslem pour aller s'installer dans la célèbre manufacture d'Etruria qu'il fit construire dans un village voisin.

C'est à Wedgwood que l'Angleterre est redevable
de ses plus grands progrès dans l'art du potier.
Avant lui, les produits anglais étaient, sous tous les
rapports, à quelques exceptions près, bien inférieurs
à ceux des autres pays. Il s'attacha d'abord à améliorer les procédés de fabrication, puis, voulant leur
donner un caractère artistique dont ils étaient entièrement dépourvus, il en modifia la forme et l'ornementation, substituant à un style commun et dis-
gracieux, un style élégant, quoique sévère, imité des
anciens. Les poteries de Wedgwood se recomman-
dent en effet par la noblesse de style, la pureté des
lignes et l'harmonie des tons.

En 1760, Wedgwood inventa la porcelaine dite
« Anglaise, » dont l'usage est devenu général dans le
Royaume-Uni. Composée de kaolin et quelquefois
d'argile plastique mêlés à des frittes artificielles, de
la pegmatite [1] et du phosphate de chaux, cette porcelaine supporte mieux l'action du feu que notre
porcelaine dure [2]. Elle se prête bien à la décoration,
et reproduit vives et nettes les impressions de couleurs; enfin sa fabrication est facile et peu coûteuse.

Wedgwood avait déjà fait faire à l'art de la poterie de remarquables progrès quand il inventa —
c'est là son plus beau titre à la célébrité — un régu-

[1] Roche granitique.

[2] Par exception, l'on fait à Bayeux, et en d'autres localités de la
France, une espèce de porcelaine pouvant être mise sur le feu sans
risque de se casser.

lateur basé sur la propriété qu'a l'argile de se con-
tracter en proportion du degré de chaleur à laquelle
elle est soumise. Faute de moyens propres à constater d'une manière précise la force du feu pendant
la cuisson, les potiers se trouvaient exposés à reti-
rer du four des pièces tantôt trop, tantôt pas assez
cuites, et souvent une fournée était entièrement
perdue. Ce grave inconvénient ne fut plus à redou-
ter du jour où l'on put faire usage de ce régulateur
connu sous la dénomination de « pyromètre de
Wedgwood », puisqu'il permet de s'assurer s'il y a
lieu de diminuer ou d'activer le feu.

Cet homme célèbre a laissé des héritiers de son
nom qui ont continué sa grande réputation. L'un
d'eux s'est fait remarquer par le mérite des produits
qu'il a envoyés à la grande Exposition française de
1855.

En se propageant de la France et de l'Allemagne
dans l'Europe entière, la porcelaine a conservé,
malgré les modifications apportées par le temps et
surtout par le goût de chaque nation, son cachet
d'origine. Ainsi les produits des fabriques d'Autriche,
de Prusse, de Pologne, de Russie, du Danemarck
et de Suède ont toujours une certaine analogie avec
ceux des fabriques allemandes, comme les porcelaines d'autres pays, tels que l'Italie et l'Espagne,
en ont avec celles de France.

Nous citerons comme exemple : en Italie, la manufacture de Capo-di-Monte, près de Naples; et, en
Espagne, celle de Buen-Retiro, près de Madrid.

L'établissement de Capo-di-Monte, fondé en 1736
sous le patronage de Charles III, roi des Deux-
Siciles, et fermé vers la fin du siècle dernier, se
distingua par des produits d'un goût artistique et
d'une extrême délicatesse, dont la table-console en
porcelaine pâte tendre, possédée par le musée Céramique Impérial, peut donner une idée. Le support
de cette table, modelé en haut relief, est formé d'un
assemblage de branchages, fleurs et fruits entremêlés d'oiseaux et autres animaux. Ce magnifique
et rare spécimen de Capo-di-Monte, se trouvait, il
y a quelques années, à Londres où il passait pour
une œuvre provenant de la manufacture de Sèvres,
lorsque M. Riocreux en fit la découverte et l'acheta
pour le musée.

Charles III — devenu roi d'Espagne en 1759,
après la mort de son frère Ferdinand, — fit venir.
de Capo-di-Monte à Madrid, les meilleurs modèles et
les artistes les plus habiles qu'il installa dans une
dépendance de son palais de Buen-Retiro.

Ce fut là l'origine de la manufacture royale espagnole, qui, après avoir grandement prospéré jusqu'à
la mort de Charles III arrivée en 1787, fut détruite
en 1812 par les Anglais, lors de la guerre de l'indépendance.

Toutes les précieuses faïences et porcelaines accumulées depuis plusieurs siècles dans les palais, châteaux et communautés religieuses, furent, — comme tant d'autres objets d'art, pendant l'ouragan politique de 1793, brisées ou dispersées dans les villes et les campagnes, où l'on en découvre encore de temps à autre.

Combien de ces dernières tombèrent alors entre les mains de gens qui, n'en appréciant pas le mérite, n'en prirent aucun soin et les laissèrent se détériorer ou même s'anéantir entièrement ! On attacha en effet, pendant longtemps, bien peu de valeur à des vases qui, se disait-on, n'étaient après tout que de la faïence. Mais, du moment où les pièces les plus remarquables prirent place dans nos musées de l'État et dans les collections particulières, et où surtout, sous l'heureuse inspiration de Brongniart, un musée spécial fut fondé à Sèvres, on s'avisa de penser que les faïences et porcelaines n'étaient pas sans mérite.

Peu à peu elles recouvrèrent leur ancienne réputation, et à mesure qu'elles devinrent plus rares dans le commerce, on les rechercha avec plus d'ardeur, si bien qu'aujourd'hui on en est arrivé à payer un prix fort élevé une pièce que l'on eût dédaignée naguère à cause de son faible mérite. Aussi tout porte à croire que, le temps détruisant chaque jour ces fragiles faïences et porcelaines qui ne se font plus maintenant, il arrivera un moment — peut-être peu éloigné — où l'on ne pourra plus se procurer ces

reliques du passé qu'à des prix exorbitants. C'est
donc une heureuse idée que plusieurs villes de province ont eue d'ajouter à leur musée une section
céramique.

Nous faisons des vœux pour qu'à leur exemple,
toutes les villes de France possédant un musée en
fassent autant; par ce moyen, chaque localité con-
tribuerait pour sa part à la conservation de rares
et précieux spécimens céramiques qui, autrement,
se trouveraient détruits, dans un temps donné, ou
iraient enrichir les collections et les musées étrangers. Ainsi conservés ces spécimens deviendront
pour nous, et plus encore pour nos descendants, un
sujet d'intéressantes études des usages et des mœurs
de nos pères.

Après avoir fait connaître l'origine des porcelaines
et leur filiation, il nous a paru nécessaire de donner,
sur certains procédés employés dans leur fabrication,
quelques aperçus propres à faire savoir pourquoi
telle ou telle pièce a plus de valeur que telle autre, et
en même temps d'expliquer la signification de mots
techniques que nous avons été dans la nécessité
d'employer dans le cours de notre travail. Nous
serons aussi bref que possible.

Dans la fabrication de la porcelaine, on se sert de trois espèces de pâtes dites : « pâte fine », pour pièces de luxe; « pâte de service », pour pièces d'un usage journalier; et « pâte à sculpture », pour objets d'art : figurines, groupes, bustes, etc.; ainsi que de trois modes de façonnage : tournage, moulage et coulage.

Chaque pièce est d'abord mise au four pour y subir un faible degré de cuisson, qui la met à l'état de « dégourdi » ou « biscuit. » En cet état, elle reçoit sa couverte, et est ensuite remise au four pour y être entièrement cuite.

On appelle couverte, l'enduit vitrifiable terreux dont on revêt la surface des pièces, et qui, en fondant par la cuisson, donne à la porcelaine ce brillant éclat qui la caractérise.

L'enduit propre à la porcelaine ne se fond qu'à une température égale à celle qu'exige la cuisson de la pâte.

Celui que l'on emploie pour la faïence, appelé émail, est vitrifiable, opaque et stannifère.

Quant à l'enduit dont on se sert pour la poterie, dit vernis, il est transparent, plombifère et vitrifiable à une température relativement basse, — inférieure à celle nécessaire à la cuisson de la pâte.

Quand elles sont mises au four, les pièces sont toujours entièrement blanches; ce n'est qu'après la cuisson qu'il est procédé à leur ornementation, par application de peintures ou de métaux précieux.

Décorées, elles passent de nouveau au four, où

elles subissent un degré de chaleur proportionné à la nature des couleurs employées.

Il y a des couleurs dites « grand feu » parce qu'elles doivent recevoir le feu nécessaire à la cuisson de la pâte ou au moins de la glaçure; d'autres dites « de moufle », dures, demi-feu et tendres, exigeant une température moins élevée.

Parmi les premières, les plus belles sont : le bleu de cobalt et le bleu de Sèvres dit gros-bleu.

Les couleurs servant à la décoration de la porcelaine sont produites par des oxydes métalliques combinés avec des « fondants », substance jouissant de la propriété de faciliter la fusion.

On peut placer sur le biscuit, avant sa mise en couverte, divers fonds de couleur, — le fond bleu, par exemple; — le vernis, par sa nature, s'incorpore facilement les couleurs et leur donne un glacé brillant très-estimé. Mais ce genre de décoration offre de très-grandes difficultés dont nous essaierons de donner une idée, en faisant connaître, d'après Brongniart, le procédé d'application du bleu sur le biscuit de porcelaine pâte tendre et sous son vernis cristallin.

On pose le bleu sur le biscuit, et l'on passe la pièce au four, d'où elle sort raboteuse et comme bouillonnée; on l'use avec un grès, et souvent on met une seconde couche de bleu que l'on fixe par un second feu. On l'use de nouveau pour l'unir et on place par dessus le vernis de porcelaine qu'on y met quelquefois à plusieurs reprises. — Une pièce de porcelaine tendre fabriquée à Sèvres en 1804 a dû passer, pour être parfaitement belle, cinq fois au four de cuisson dit grand feu.

C'est de la préparation de l'oxyde, de celle du bleu, de son posage à une épaisseur convenable et égale, du feu juste que reçoivent les deux couches de bleu et les diverses couches de vernis, que résulte la beauté, l'éclat et le velouté de la couleur.

Ce qui précède montre assez quels obstacles sont à vaincre, et combien il est difficile de remplir toutes les conditions exigées pour obtenir une bonne réussite. Il est aussi rare d'obtenir de beaux fonds bleus sur porcelaine tendre qu'il est difficile d'en avoir sur porcelaine dure, exempts de défauts, ce qui justifie le haut prix auquel atteignent certaines pièces à fond de couleur.

IV.

MARQUES, SIGLES

ET

MONOGRAMMES.

MARQUES, SIGLES ET MONOGRAMMES.

Il existe deux sortes de marques : l'une, dite de fabrique, et l'autre d'ornemaniste.

Celle de fabrique est généralement :

Sur terres cuites, grès, faïences et porcelaines, — sans couleur, imprimée en creux dans la pâte ou posée en relief par cachet;

Sur faïence émaillée et porcelaine dure, — en couleur, au pinceau ou à la vignette, sous vernis et cuite au grand feu;

Et sur porcelaine pâte tendre, — en couleur, faite au pinceau ou à la vignette, glacée et comme fondue dans le vernis.

Et celle d'ornemaniste, est ordinairement en couleur ou dorée, faite au pinceau et posée sur le vernis.

On trouve des marques de fabrique *sur vernis*, et des marques d'ornemaniste *sous vernis*, mais ce n'est que par exception.

La marque d'une pièce n'en constate pas toujours la véritable provenance, ainsi que le prouve la quantité de porcelaines et de faïences que l'on rencontre presque journellement dans le commerce revêtues de marques fausses. Certains brocanteurs ne se font en effet aucun scrupule d'ajouter une marque de leur façon à des pièces qui en sont dépourvues, afin de leur donner plus de valeur.

Que l'amateur n'ait donc pas une confiance aveugle dans toutes sortes de marques, qu'il y fasse au contraire grande attention, et se défie surtout de celles mises en couleur sur vernis; attendu que, pouvant être faites postérieurement à la confection des pièces, elles se prêtent plus aisément à la fraude.

Les marques *sous vernis*, étant posées avant la cuisson, sont d'une plus difficile imitation, et par cela même offrent plus de garantie, cependant la contrefaçon n'en est pas sans exemple.

FRANCE.

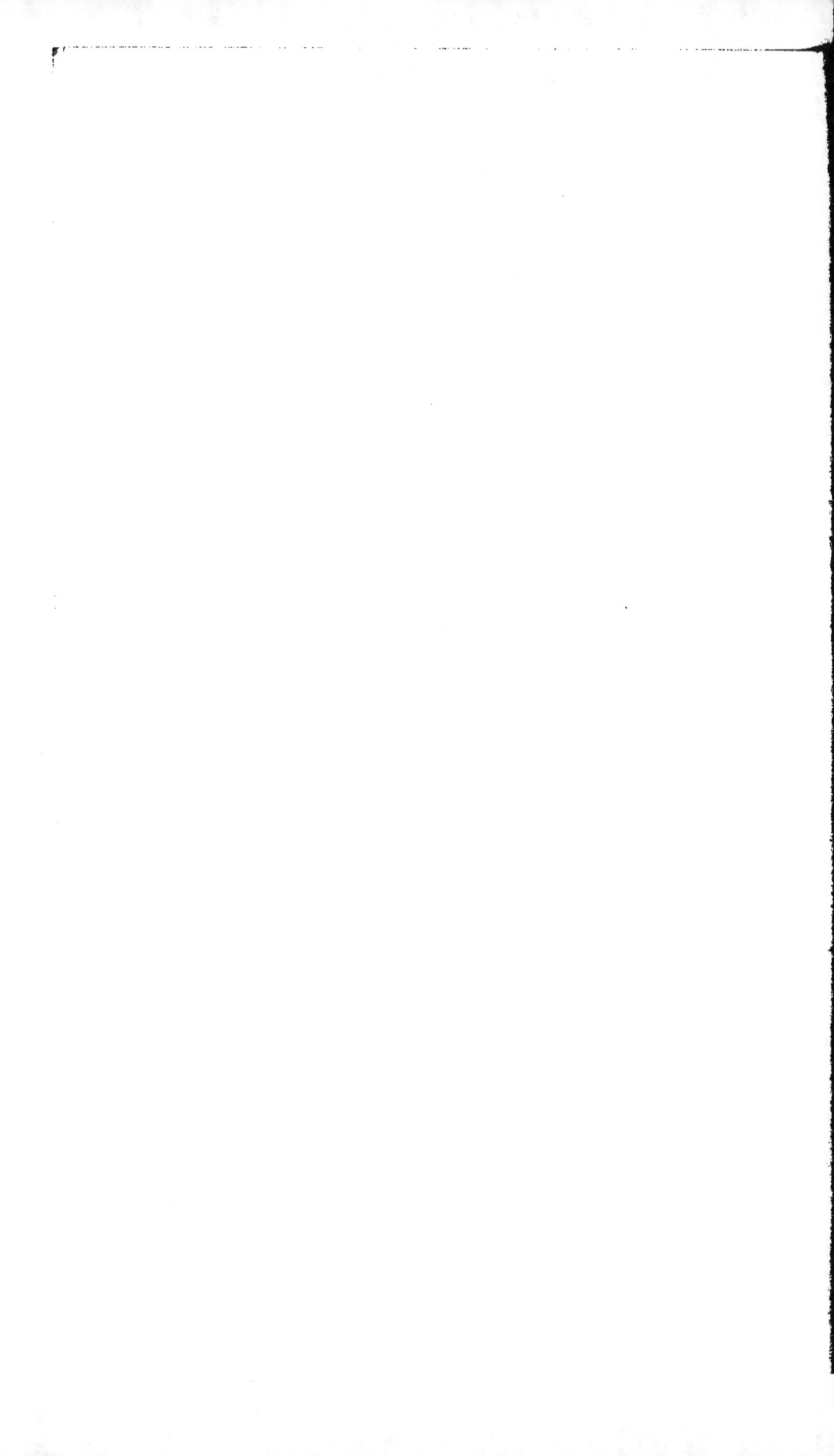

PARIS ET SES ENVIRONS.

PARIS ET SES ENVIRONS.

Paris.

Tracée en creux.   **Faïence XVIe siècle.**

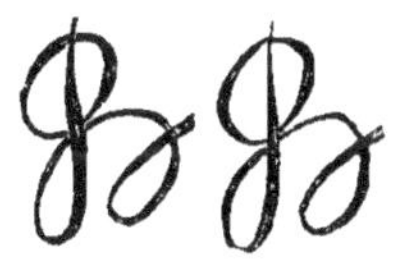

Monogramme se trouvant sous la figurine dite la *Nourrice de François Ier*, attribuée à Bernard Palissy, et faisant partie de la collection de Sèvres.

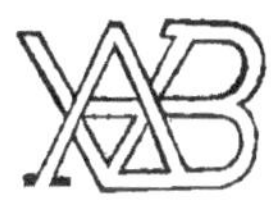 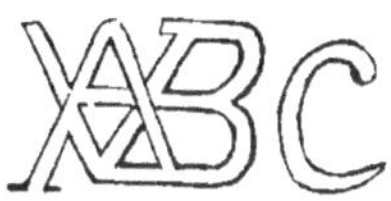

Marques existant sur d'autres pièces également attribuées à Palissy.

On n'a aucune certitude que ces trois marques soient bien de Bernard Palissy, et si Brongniart les a regardées comme telles, M. Riocreux n'est pas de son avis.

Bleu sous vernis.   **Faïence XVIIe siècle.**

Ce monogramme, expliqué ainsi : R [évérend] A P [aris], serait celui de Claude Révérend, par lui adopté lors de son établissement à Paris en 1664. (Voir page 41.)

9

 Variétés de la marque précédente.

Ces trois marques ont été souvent données pour hollandaises parce qu'elles se trouvent sur des pièces imitant des produits de Delft.

Rouge, à la vignette. **Porcelaine pâte-dure.**

Fabrique dite de Louis-Philippe d'Orléans, fondée en 1756 rue du Pont-aux-Choux.

Idem. **Idem.**

 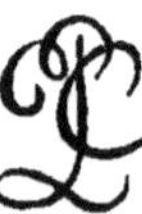

Ces trois marques appartiennent à la même fabrique, et se trouvent, la première sur des pièces décorées de paysages, la seconde sur des plats et assiettes, et la troisième n'est qu'une modification de la précédente.

Bleu sous vernis. **Idem.**

Fabrique de Pierre-Antoine Hannong, fils de Paul-Antoine Hannong, créée dans le faubourg Saint-Lazare, en 1761.

Bleu et rouge-orange. **Idem.**

Fabrique d'Advenir Lamarre, créée au Gros-Caillou en 1773.

Bleu sous vernis.   **Porcelaine pâte dure.**

Fabrique de Locré, dite de la Courtille, créée rue Fontaine-au-Roi, en 1773. Cette marque, lors du dépôt qui en a été fait à Sèvres, représentait deux torches allumées et croisées Mais, dans un intérêt facile à comprendre, elle a été modifiée ainsi qu'on la voit représentée de manière à ressembler autant que possible à la marque de Meissen (Saxe) — deux épées en croix.

MAP *En creux dans la pâte,*
         sans couleur.   **Idem.**

Monogramme de M [orelle] A P [aris].
Fabrique de Morelle, créée dans le faubourg Saint-Antoine, en 1773. — Cette marque est aussi en couleur.

Rouge ou bleu.   **Idem.**

S   Fabrique de Souroux, créée dans le faubourg Saint-Antoine, en 1773.

Rouge, et or sur les pièces de qualité
         supérieure, à la vignette.   **Idem.**

 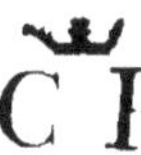 Deux marques de la fabrique dite du comte d'Artois, fondée dans le faubourg Saint-Denis, en 1773.

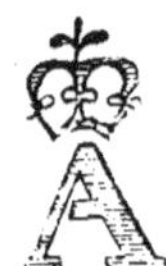

Rouge à la vignette.   **Porcelaine pâte dure.**

Fabrique dite de la Reine, créée et dirigée par Lebœuf, rue Thiroux, en 1780.

Un A couronné est aussi, suivant Marryat, la marque de Turin. (Voir *Italie*.)

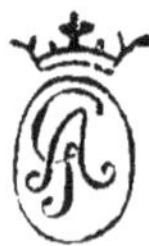

Rouge-orange à la vignette.   **Idem.**

Marque de la même fabrique sur théière élégamment décorée de bleuets.

En or sur pièces de qualité supérieure.

Rouge à la vignette.   **Idem.**

Fabrique de Dihl et Guérard, créée sous la protection du duc d'Angoulême, rue de Bondy, en 1780.

Idem.   **Idem.**

Cette marque est parfois accompagnée des mots « Rue de Bondy »; et sur les pièces de qualité supérieure elle est en or.

ENVIRONS DE PARIS.

Belleville.

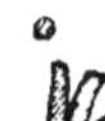

Bleu sous vernis.   **Porcelaine pâte dure.**

Fabrique de Jacob Petit, créée en 1820 et transférée à Fontainebleau vers 1847; elle fonctionne encore aujourd'hui.

Bourg-la-Reine.

Bleu sous vernis.   **Porcelaine pâte tendre.**

B R. Marque de la manufacture de Jacques et Julien, venant de Mennecy-Villeroy, en 1773, telle qu'elle a été déposée à la manufacture de Sèvres.

Idem.

B la R La même, modifiée depuis.

Clignancourt.

Bleu sous vernis.   **Porcelaine pâte dure.**

Fabrique dite de Monsieur, frère du roi, comte de Provence, créée par Deruelle en 1773. — La marque ci-contre, faisant allusion aux moulins de Montmartre, fut en usage jusqu'en 1775.

Rouge à la vignette.   **Idem.**

Marque adoptée depuis cette dernière époque.

Idem.   **Idem.**

Monogrammes de Deruelle.

Ces deux dernières marques sont rarement bien visibles sur les pièces où elles se trouvent.

Saint-Cloud.

Bleu. **Porcelaine pâte tendre.**

Cette fabrique, fondée en 1691, sous la direction de Chicaneau, prit pour marque à partir de 1702 — époque à laquelle Louis XIV lui accorda des priviléges — un soleil, faisant allusion à la devise adoptée par ce monarque.

Bleu sous vernis ou imprimé en creux dans la pâte, sans couleur. **Idem.**

Marque qui paraît avoir été adoptée dès l'origine de la manufacture et avoir servi de 1690 à 1702. — La lettre T indique le nom du fabricant Trou, homonyme, sinon parent du directeur de cette manufacture, vers 1740.

Sceaux.

Bleu sous vernis ou en creux dans la pâte, sans couleur. **Faïence et porcelaine pâte tendre.**

Fabrique fondée sous la protection du duc de Penthièvre, en 1750.

Imprimé en creux dans la pâte, sans couleur. **Porcelaine pâte tendre.**

Sur un pot à crème.
Cette marque fut en usage jusqu'en 1760.

Bleu sous vernis.   **Faïence.**

Marque de la période de Richard Glot, directeur, sous la protection du duc de Penthièvre — de 1772 à 1790. — Elle est quelquefois accompagnée du mot *Sceaux* imprimé en entier, comme ci-dessous.

Poppeldorf, Cologne, Venise et Chelsea ont aussi pour marque une ou plusieurs ancres.

Bleu sous vernis.   **Idem.**

Sceaux

Sur des vases à l'usage des pharmacies, décorés d'emblèmes polychrômes.

O P. *Rouge-purpurin.*   **Idem.**

Ce monogramme, se trouvant sur une soupière richement et artistement décorée d'oiseaux, insectes et fleurs, dans le genre Saxe, est celui d'un artiste appartenant à la période d'exploitation de Richard Glot.

Sèvres.

A partir de 1753, la manufacture — encore au château de Vincennes, d'où elle ne fut transférée qu'en 1756 — commence à marquer ses produits, conformément à un arrêt du Roi, en date du 19 août de ladite année 1753, portant privilége en faveur d'Eloi Brichard, et à mettre au centre du monogramme royal, comme chronogramme de fabrication, une des lettres de l'alphabet.

Bleu.

A indique 1753; B, 1754; C, 1755; ainsi de suite jusqu'en 1776, époque à laquelle, l'alphabet étant épuisé, les lettres sont répétées : AA, 1777; BB, 1778, etc. En 1792, ce chronogramme cesse d'être en usage avec la marque royale.

Les lettres ou autres signes se trouvant à côté ou au-dessous du monogramme, sont les marques des peintres et doreurs qui se sont succédé à la manufacture depuis sa fondation. Nous n'avons pas cru devoir donner ces marques : on pourra les trouver toutes dans le *Traité des Arts céramiques* de A. Brongniart.

Bleu à la vignette. **Porcel. pâte tendre et dure.**

Monogramme de la République française avec le mot « Sèvres » au-dessous, de 1792 à 1800.

M N^le *Rouge à la vignette.* — **Porc. p. tendre et dure.**

Sevres

M [anufacture] N [ationale], de 1800 à 1804.

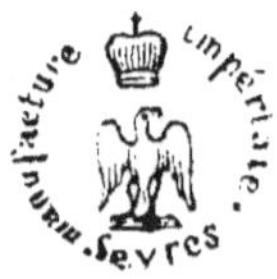

Idem. **Porcelaine pâte dure.**

M. IMP^le de Sevres Fut la marque en usage de 1804 à 1810, et l'aigle couronné, de 1810 à 1814.

Bleu à la main. **Porcelaine pâte dure.**

De mai 1814 à septembre 1824.

Bleu par impression. **Idem.**

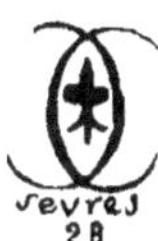

La première de ces marques servit de 1824 à 1827; la seconde, de 1828 à 1830.

En 1830, dans les derniers mois du règne de Charles X, on a marqué les pièces dorées d'un C couronné, et celles décorées de deux CC entrelacés et couronnés.

Imprimé en bleu. **Idem.**

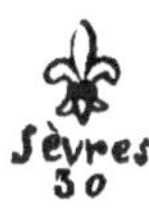

La première marque fut employée au commencement du règne de Louis-Philippe; on adopta la seconde en 1831 et elle servit jusqu'en 1834; la troisième de 1834 à 1844, et enfin la quatrième de cette dernière époque jusqu'à la Révolution de 1848.

Imprimé en rouge. — **Porcel. pâte tend. et pâte dure.**

De 1848 à 1852.

Depuis 1852, la marque est l'N couronné ou l'aigle impérial.

Imprimé. **Porcel. pâte dure et pâte tendre.**

Pour empêcher la contrefaçon de la décoration, on ajoute sur la pièce les mots « *décoré à Sèvres,* » comme on le voit dans la marque ci-contre.

(**S.58**) *Imprimé en creux et en couleur.* **Idem.**

Marque en usage — depuis 1833 seulement — sur toutes pièces décorées ou non. — Les chiffres indiquent l'année où elles ont été fabriquées. Cette marque est en partie effacée au moyen d'un coup de meule sur les pièces de rebut sortant de la manufacture.

Jusqu'en 1838, aucune marque, à l'exception de celle de 1769, n'a été mise sous vernis. Celles des porcelaines pâte tendre paraissent cependant l'être ; mais s'il en est ainsi, c'est que la couleur, lors de la cuisson de la pièce, se glace dans l'émail formant couverte.

Val-sous-Meudon.

En creux dans la pâte, sans couleur. **Terre de pipe dite faïence anglaise.**

Monogramme de Mittenhoff et Mourot. — Fabrique fondée en 1800 et fermée en 1812.

Vincennes.

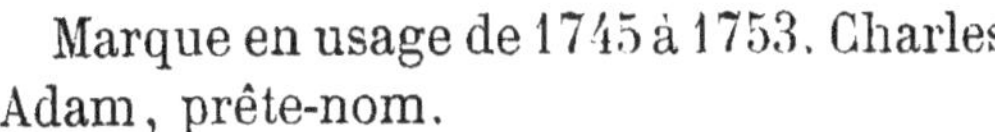

Bleu glacé.   **Porcelaine pâte tendre.**

Marque en usage de 1745 à 1753. Charles Adam, prête-nom.

Idem.   **Idem.**

Autre marque de la même période.

Ainsi ornemanisé et surmonté de la fleur-de-lis, ce chiffre de Louis XIV paraît n'avoir été en usage que sur les pièces fabriquées pour le service spécial du Roi; mais aucun document sur ce sujet ne se trouvant dans les archives de Sèvres, il n'est pas permis de l'affirmer.

On trouve des pièces marquées de ce même chiffre surmonté d'une couronne au lieu de la fleur héraldique.

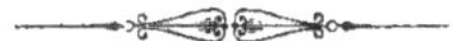

PROVINCE.

PROVINCE.

Aprey, près de Langres (Haute-Marne).

Noir sous vernis.   **Faïence du XVIIIᵉ siècle.**

Marque de la fabrique fondée par Lallemand, baron d'Aprey, dans la première période du siècle dernier, et ayant joui d'une certaine réputation. Après avoir passé en différentes mains, elle est aujourd'hui la propriété de M. Louis Girard.

Le sigle que nous donnons ici a été attribué à la fabrication des environs de Strasbourg par quelques céramographes dont nous ne partageons pas l'avis, attendu que ce sigle se rencontre sur une belle fontaine en forme de dauphin, possédée par le musée de Sèvres, et sur plats et assiettes n'ayant aucun des caractères propres aux faïences alsaciennes.

Toutes ces pièces recouvertes d'un émail bleu empois, rehaussé de dessins en émail blanc d'argent, avec décorations bleues, ont une grande similitude avec les produits d'Aprey et nous n'hésiterions pas à considérer la marque qui nous occupe comme une modification compliquée de celle qui la précède, si un grand bol — ayant une complète analogie avec la fontaine que nous venons de citer, et faisant aussi partie du musée de Sèvres — ne jetait de l'indécision dans notre esprit : en effet, on voit à l'intérieur de ce bol cette inscription en langue suédoise : « *Alla wackra flickors skål.* » (À la santé de toutes les belles), et au revers celle-ci : « *Stockhulm* $\frac{22}{8}$ 1751. »

Arras (Pas-de-Calais).

AR   *Bleu sous vernis.*   **Porcelaine pâte tendre.**

Fabrique établie en 1782 par les demoiselles Deleneur, sous le patronage de M. de Calonne, intendant de Flandre et de l'Artois, pour faire concurrence à Tournay. De 1785 à 1786, on y fit l'essai de charbon de terre au lieu de charbon de bois pour la cuisson de la porcelaine. Cette fabrique n'a fonctionné que quatre ou cinq ans.

AR
D   Variété de la précédente, avec une des lettres de l'alphabet au-dessous servant à indiquer les séries des pièces.

Service de table, plats et assiettes à bords ondulés, décorées en bleu. fleurs détachées dans le genre de Chantilly.

Beauvais (Oise).

Cachet en relief.   **Faïence XVIIe siècle.**

Fabrique de Masse, potier, à Savignies, près de Beauvais.

Sur plats vernissés en brun-rouge ou vert, avec ornementation en relief représentant les attributs de la Passion de Jésus-Christ.

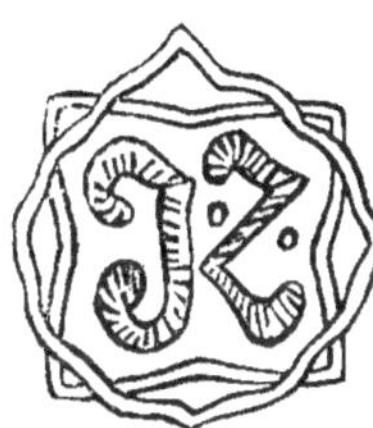

Tracée en creux.   **Grès XVIIe siècle.**

Sur un pot dit pichet, à goulot représentant une tête portant au cou une collerette du commencement du XVIIe siècle. Fabrication commune.

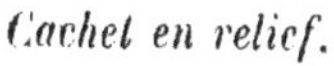

En creux dans la pâte. — **Grès vernissés XIXe siècle.**

Fabrique fondée par J. Ziégler, à Voisinlieu, près de Beauvais, en 1839. — Fermée en 1856.

Besançon (Doubs).

En creux dans la pâte.   **Faïence XIXe siècle.**

Marque d'une fabrique à Casamène, près de Besançon. Fondée par de Laflechère-Paillard, et fermée au bout de deux ans.

10

Bordeaux (Gironde).

Bleu sous vernis. **Porcelaine et faïence.**

Fabrique fondée par M. de Saint-Amand, associé à MM. Lahens et Rateau, en 1829 et ayant cessé de fonctionner peu de temps après. Établie de nouveau par M. D. Johnston, qui marque ses produits du nom de la ville en entier.

Chantilly (Oise).

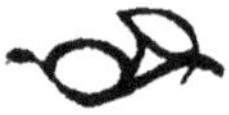

Bleu, vert ou orange sous vernis. **Porcelaine pâte tendre et pâte dure.**

Manufacture fondée sous la protection du prince de Condé, en 1735.

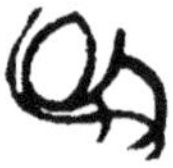

La marque ordinaire des porcelaines de Chantilly est fréquemment accompagnée d'une lettre qui varie suivant la série des pièces. Nous avons pris au hasard la série P pour en donner un exemple.

Chantilly a aussi marqué ses produits à la vignette sur vernis.

Etiolles, près de Corbeil (Seine-et-Oise).

*En creux dans la pâte, sans couleur. — **Porc. p. t.***

Fabrique de Mounier, créée en 1766.

Ce monogramme n'est pas toujours accompagné d'une lettre.

Fontainebleau (Seine-et-Marne).

Bleu sous vernis.   **Porcelaine pâte dure.**

Fabrique de Jacob Petit. (Voir *environs de Paris*, Belleville.)

Haguenau (Bas-Rhin).

Idem.   **Faïence émaillée du XVIIIe siècle.**

Monogramme de Jean Hannong, fondateur de la fabrique.

Idem.   **Faïence et porcelaine pâte dure.**

Monogramme de Paul-Antoine Hannong, fils de Jean. Il ajouta à la faïencerie la fabrication de la porcelaine vers 1750. Il s'associa plus tard avec son fils Joseph, et modifia dès lors la marque de ses produits, comme nous l'indiquons ci-dessus.

Après la mort de son père, Joseph Hannong conserva la même marque légèrement modifiée. Il en employa une seconde que nous figurons également, pour distinguer surtout ses produits en porcelaine.

Les marques des Hannong sont presque toujours accompagnées de lettres et chiffres servant à indiquer le décor et le calibre de la pièce (Voir page 33).

On retrouve, sur des porcelaines de Frankentall, les marques ci-dessus, imprimées en creux dans la pâte et en compagnie du lion ou du monogramme de l'électeur palatin, Ch. Théodore.

Lille (Nord).

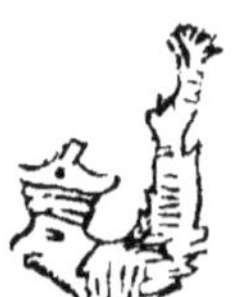

Rouge-orange, imprimé à la vignette.   **Porcelaine pâte dure.**

Fabrique fondée en 1785 par Lepène Duroo, sous le patronage du Dauphin de France. Dirigée d'abord par Roger, puis par Regnault, elle fut fermée en 1793.

Ses produits, et surtout ses charmants camaïeux, sont fort estimés. La marque est souvent peu visible.

Lisieux (Calvados).

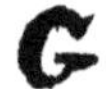

En creux.   **Faïence émaillée XVIe siècle.**

Fabrique française de l'école italienne, établie à Marbe, près Lisieux. — Sur pavé mosaïque.

Lunéville (Meurthe).

G *Bleu sous vernis.* — **Faïence émaillée du XVIIIe siècle.**

Sous une figurine.

Marseille (Bouches-du-Rhône).

Bleu sous vernis. — **Faïence émaillée XVIIIe siècle.**

Ce monogramme, qui paraît hollandais, se trouve sur une belle assiette à dessins bleus, verts et jaunes, ayant tout le caractère des produits de Marseille ou de Moustiers.

Rouge, noir, bistre ou bleu foncé.   **Faïence et porcelaine pâte dure.**

Manufacture de Savy, fondée en 1765 — protégée par le comte de Provence à partir de 1777. — Savy marquait ses produits de premier choix d'un écusson contenant la fleur-de-lis.

Cette marque se trouve sur une soupière, style Rocaille ou Pompadour, fort élégante de forme et d'ornementation, faisant partie du musée de Sèvres.

La manufacture privilégiée de Rouen marquait ses produits aussi d'une fleur-de-lis.

Vert clair glacé sur vernis.   **Idem.**

Variété de la précédente.

Rouge sous vernis.   **Idem.**

Monogramme de Joseph-Gaspard Robert, dont la fabrique a fait une redoutable concurrence à celle de Savy.

Mennecy-Villeroy (Seine-et-Oise).

En creux dans la pâte, sans couleur. — **Porc. p. t.**

D V Fabrique créée en 1740 sous la protection du duc de Villeroy. Elle était en pleine activité en 1773. — Ses produits sont à peine inférieurs à ceux de Sèvres.

Moustiers (Basses-Alpes).

Rouge, bleu et autres couleurs.   **Faïence de la première période du XVIIIe siècle.**

Marque attribuée à la fabrique d'Olerys ou de Laugier.

On trouve souvent cette L croisée d'un O suivie de lettres ou autres signes, qui sont des chiffres de décorateurs.

On la trouve aussi précédée d'une des lettres de l'alphabet; ce qui indique la série dont fait partie la pièce ainsi marquée.

Nevers (Nièvre).

Bleu, au pinceau.   **Faïence dite Majolique française.**

Attribuée à l'une des fabriques sous la direction d'artistes italiens, de 1565 à 1600.

Bleu , au pinceau.   **Faïence du XVIIIᵉ siècle.**

Cette marque se trouve sur des faïences ayant le caractère de celles de Nevers. Mais la grossièreté des dessins ne nous permet pas de la donner comme certaine.

Idem.   **Idem.**

Monogramme de Jacques Senlis, célèbre potier du XVIIIᵉ siècle, suivant Brongniart, et suivant d'autres de Jacques Seigne, autre potier, auquel on attribue diverses pièces faisant partie du musée de Sèvres.

Bleu sous vernis. — **Faïence de la fin du XVIIIᵉ siècle.**

Marques sur assiettes octogones ou à huit pans — dessins bleus, arabesques et fleurs. — Sèvres a acquis de M. Berchon, commissaire-priseur à Nevers, un compotier à côtes de melon portant cette marque.

Variété de la précédente marque, réduite de moitié et prise sur un grand plat d'un bel émail, à décors bleus — arabesques sur les bords et fleurs dans le bassin. —

Niederviller (Meurthe).

Rouge sanguine.   **Faïence et porcelaine**
au pinceau sous vernis.   **pâte dure.**

Fabrique fondée par le baron de Beyerlé, de 1746 à 1765.

Abréviation du nom Beyerlé.

Sur un plat peint en camaïeu rouge amaranthe, avec double bordure verte relevée d'or.

Brun violâtre, au pinceau sous vernis.   **Faïence et porcelaine pâte dure.**

Monogrammes de Beyerlé et Niederviller. B[eyerlé] N [iederviller]. La première de ces marques se rencontre sur un petit plat long décoré de fleurs.

Bleu sous vernis.   **Idem.**

On attribue cette marque au général comte de Custine, successeur du baron de Beyerlé, qui en aurait fait usage avant d'adopter la suivante plus facile à faire. Mais s'il est vrai que la comtesse Custine peignait les fleurs avec un rare talent et qu'elle se plaisait à exercer son art sur les produits de la fabrique, cette marque pourrait être son monogramme.

Idem.   **Porcel. pâte dure et faïence.**

Marque du comte de Custine. — Sur les faïences, les C entrelacés sont sans couronne :

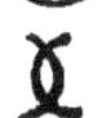

Bistre.   **Porcelaine pâte dure.**

Marque modifiée du même.

Bleu sous vernis.   **Idem.**

Chiffre de François Lanfray, successeur du comte de Custine.

Lanfray marquait aussi ses produits tantôt d'un N et tantôt du nom de Niederviller en entier.

Rouge-orange.   **Porcelaine dure.**

Variété de la marque de Lanfray que nous venons de signaler.

Nîmes (Gard).

En creux dans la pâte.   **Faïence fine.**

Fabrique de Plantier et Boncoirant.

Orléans (Loiret).

Bleu sous vernis.   **Porcelaine pâte dure.**

Attribuée à Bourdon.

Sur un bol décoré de fleurs et d'oiseaux.

Idem.   **Idem.**

Lambel au chef de la famille d'Orléans. — Manufacture qui a fonctionné de 1750 à 1775, sous la direction de Louis Gérault et sous la protection du duc de Penthièvre.

Ces marques figurent dans Brongniart comme étant de Clignancourt ; mais M. Riocreux les a rétablies à leur véritable place.

Quimper (Finistère).

Imprimé en creux par cachet. **Grès cérame et faïence fine.**

Fabrique fondée en 1809, par Delahubaudière, et fonctionnant encore aujourd'hui.

Ses produits ont été honorablement mentionnés à l'Exposition française de 1849.

Rouen (Seine-Inférieure).

Bleu sous vernis. **Faïence XVIIe siècle.**

Les premières marques des faïences de Rouen sont très-incertaines.

Celle-ci est donnée comme étant du XVIIe siècle, et cependant elle a beaucoup d'analogie avec la suivante qui est du siècle suivant.

Idem. **Faïence XVIIIe siècle.**

Sur un grand plat oblong à bords festonnés et godronnés. — Décor rouge et bleu, arabesques en bordure et corbeille de fleurs dans le bassin.

Bleu sous vernis.   **Faïence XVIIIe siècle.**

Sur un grand plat octogone, même décoration que le précédent.

Idem.   **Idem.**

Sur plat long à deux anses et diverses
pièces de table.

Le premier signe se rencontre quelquefois sans être accompagné du D.

Idem.   **Idem.**

Sur plats à bords festonnés, décor rouge
et bleu.

Idem.   **Idem.**

Sur un pot à eau.

R en bleu, les autres signes
rouges sous vernis.   **Idem.**

Sur une belle soupière et autres
pièces de table. Décor polychrôme
dit « à la corne. » — Genre très-recherché.

R en bleu, P A R en rouge
sous vernis.   **Idem.**

Ce monogramme, attribué sans
grande certitude à André Pottier,
bisaïeul du bibliothécaire actuel de Rouen, est
interprété ainsi : R [ouen.] P [ottier] A R [ouen]. —
Sur faïence ayant le même caractère et le même
décor que ci-dessus.

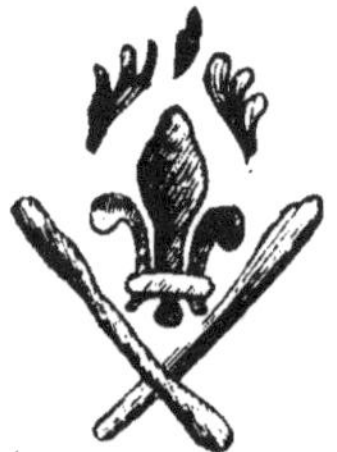

Bleu sous vernis. **Faïence du XVIIIe siècle.**

Sur un porte-huilier entièrement couvert d'un riche décor composé d'arabesques floriformes rouges et bleues d'une grande finesse, et rappelant les dessins des étoffes orientales. — Nous attribuons, sans grande certitude, ce monogramme au potier Guilbaut, qui fabriquait à Rouen vers le milieu du siècle dernier.

Idem. **Idem.**

Marque de la fabrique privilégiée fondée en 171'.

La lettre qui accompagne la fleur-de-lis est présumée être un monogramme de décorateur.

Idem. **Idem.**

Marque de la même fabrique, sur une grande soupière, imitant le genre des faïences de Delft et paraissant avoir fait partie d'un service fabriqué pour Louis XIV, pour remplacer l'argenterie qu'il envoya à la Monnaie, afin de subvenir aux frais de la guerre, en 1704.

On voit assez fréquemment sur les pièces rouennaises des monogrammes ou autres signes qu'il ne faut pas confondre avec les marques de fabrique. Ce sont ou des initiales de décorateurs, ou des indications de série.

Parmi ces divers monogrammes, dont le nombre
est grand, nous choisissons comme exemple les
suivants :

placés sous vernis, — les deux premiers en bleu, le
troisième en noir, et le quatrième en rouge, — sur
des faïences du genre dit « à la corne. »

Bleu sous vernis.   **Faïence du XVIIIe siècle.**

Autre monogramme d'artiste décorateur,
se trouvant tantôt seul, tantôt accompagné
de la lettre R.

Bleu glacé.   **Porcelaine pâte tendre.**

Sur salières — et autres pièces de table
— dont le décor composé d'arabesques
finement dessinées en bleu est évidemment emprunté à l'ornementation rouennaise. —
L'étoile surmontant ce monogramme autorise à
conjecturer que c'est celui d'un descendant de Louis
Poterat, qui fonda à Rouen en 1673, une fabrique
de porcelaine. — Une étoile fait effectivement partie
des armes de la famille Poterat; — mais le docte
M. Pottier, dont l'opinion fait autorité en pareille
matière, sans la rejeter absolument, se croit fondé
à douter de cette conjecture.

Saint-Samson, près de Songeons (Oise).

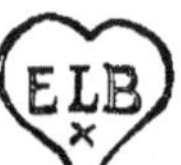

En creux dans la pâte.   **Grès à pâte blanche.**

Toulouse (Haute-Garonne).

Bleu sous vernis.   **Porcelaine pâte dure.**

Fabrique d'Arnaux et Fouque, fondée en 1825. — Elle fait tous les produits de la céramique depuis la terre cuite jusqu'à la porcelaine, et prospère encore aujourd'hui sous l'exploitation de M. Fouque seul; M. Arnaux s'étant retiré du commerce.

Varages (Var).

Noir sous vernis.   **Faïence.**

Cette marque est attribuée à l'une des fabriques de Moustiers transportées à Varages, près de Brignolles, à cause d'une plus grande facilité de transport des produits. — Mais, tout en la donnant ici, nous devons dire qu'elle est fort douteuse.

On la trouve sur une soupière ayant quelque analogie avec les produits de Moustiers, tracée de distance en distance entre les bouquets de fleurs dont se compose la décoration.

MARQUES DE FABRICATION FRANÇAISE

NON ENCORE CLASSÉES.

Bleu, au pinceau.   **Faïence du XVIIIe siècle.**

Sur assiettes; décor, fleurs en bouquet et détachées, habilement exécutées.
Bel émail.

*En creux dans la pâte,
sans couleur.*   **Porcelaine pâte dure.**

Sur sucrier richement décoré.

PAYS ÉTRANGERS.

ALLEMAGNE.

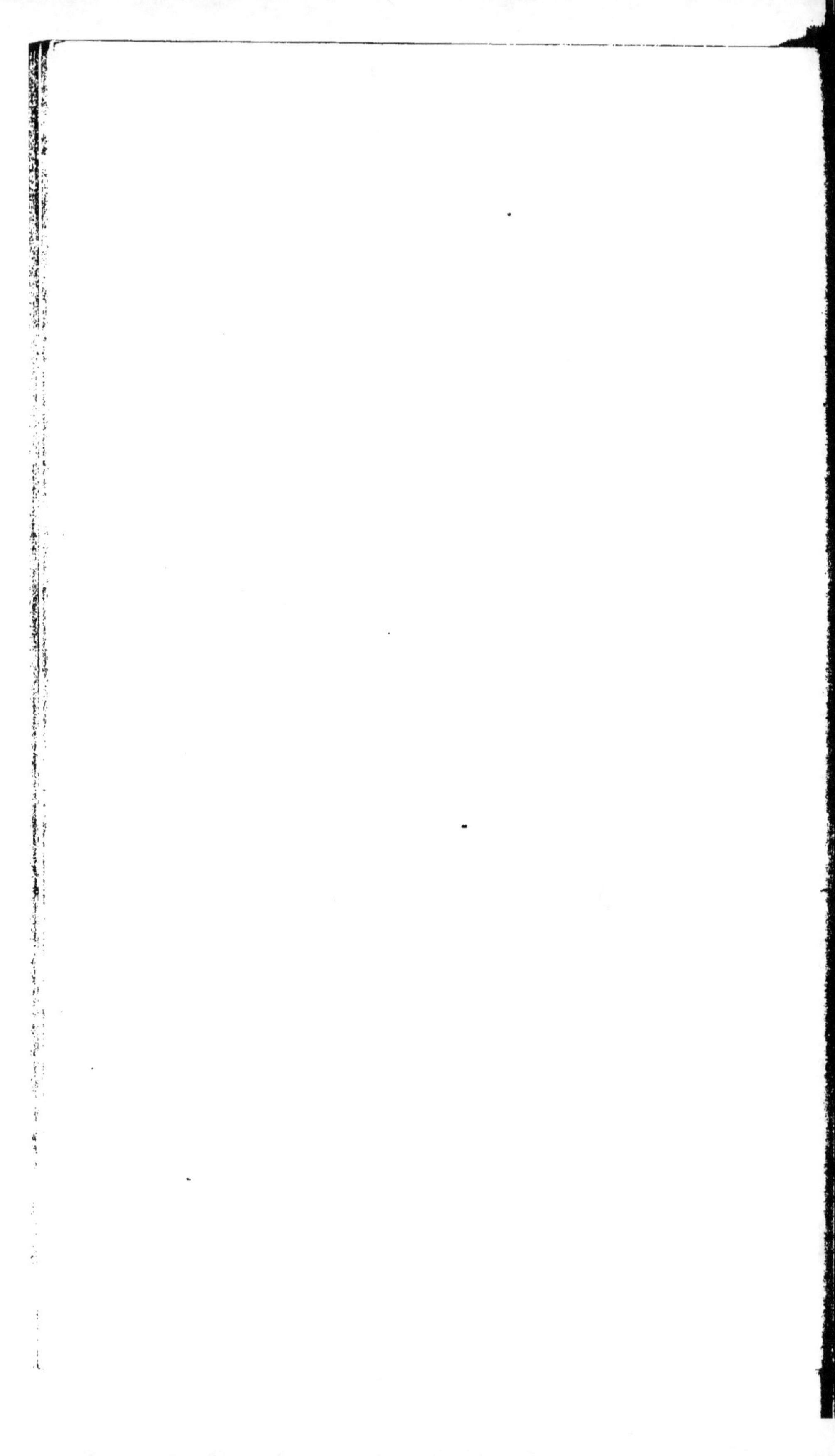

ALLEMAGNE.

Alt-Haldensleben (Prusse-Rhénane).

Bleu sous vernis. **Porcelaine pâte dure.**

Cette marque, qui a beaucoup de ressemblance avec celle de Berlin, est de la fabrique de Natusius.

Anspach (Bavière).

Idem. **Faïence du XVe au XVIe siècle.**

Attribuée sans grande certitude à Anspach.

Idem. **Porcelaine dure du milieu du XVIIIe siècle.**

Sur tasses et soucoupes décorées de fleurs en bouquet ou semées.

Idem. **Porcelaine pâte dure.**

L'attribution de ces deux marques est assez incertaine. La première, qui se rencontre généralement sur des figurines, est présumée appartenir à Anspach : au moins la forme de la couronne indique une fabrique allemande. — La seconde est attribuée, par quelques auteurs, à Amstel. Elle se trouve parfois surmontée d'armes.

Arnstadt (Gotha).

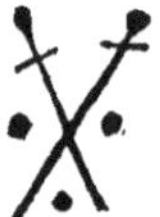

Bleu sous vernis. — **Porcel. pâte dure de la seconde période du XVIIe siècle.**

Marque de Arnstadt.

Idem.   **Idem.**

La marque ci-contre serait, suivant Marryat, aussi de Arnstadt; mais elle est, suivant d'autres, de Weesp près d'Amsterdam. (Voir *Hollande*.)

Baden-Baden (Grand-duché de Baden).

En or sur qualité supérieure et en couleur sur qualité ordinaire.   **Porcelaine pâte dure.**

Deux fers de hache affrontés.

Fabrique fondée par des ouvriers de Hoechst, de 1753 à 1758.

Baireuth (Bavière).

Bleu sous vernis.   **Faïence XVIIe et XVIIIe siècles.**

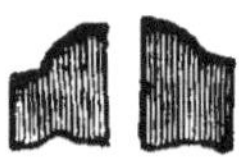

Sur assiettes et potiches décorées camaïeu bleu clair.

Arabesques, fleurs et oiseaux finement et artistement exécutés.

Cologne (Prusse-Rhénane).

*En creux dans la pâte,
sans couleur.*   **Faïence.**

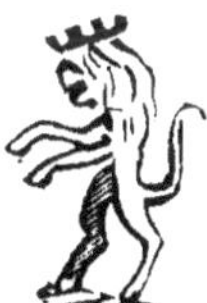

Manufacture de M. L. Cremer, fondée au commencement de ce siècle.

On trouve aussi cette marque sur des grès du XVIᵉ au XVIIᵉ siècle.

Frankentall, entre Worms et Spire (Palatinat).

Bleu sous vernis.   **Porcelaine pâte dure.**

Fabrique fondée par Paul Hannong, de Haguenau, près Strasbourg, avec l'aide de Ringler, transfuge de Meissen, de Vienne, et de Hoechst, sous la protection de Charles-Théodore, électeur palatin.

La marque ci-contre est donnée, sans grande certitude, comme étant le monogramme de Ringler.

Idem.   **Idem.**

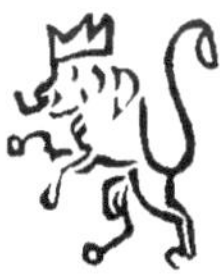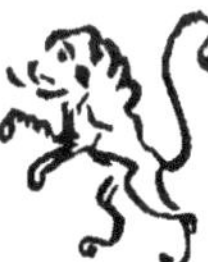

Trois variétés de la marque représentant la crête ou le cimier du Palatinat. — Première période, de 1755 à 1761. Direction de P. Hannong et de Ringler.

Bleu sous vernis.   **Porcelaine pâte dure.**

Deuxième période. Direction de J. Hannong. — A la mort de P. Hannong, la manufacture devint la propriété de Charles-Théodore, et les produits furent marqués du chiffre de cet électeur palatin. On trouve sur quelques pièces le monogramme de Joseph Hannong, imprimé en creux dans la pâte, joint à la marque ci-contre.

Idem.   **Idem.**

Ce monogramme, que l'on croit être celui de Joseph-Adam Hannong, se trouve tantôt accompagné du lion, tantôt seul.

Idem.   **Idem.**

Monogrammes de Paul Hannong.

Idem.   **Idem.**

Monogramme de Paul et de Joseph, son fils, associés.

Idem.   **Idem.**

Monogrammes de Joseph Hannong, après la mort de son père.

Ainsi qu'on le voit par les trois monogrammes

que nous donnons comme exemple, la marque étant
faite au pinceau, variait de forme suivant l'artiste
qui la traçait.

Les lettres et chiffres qui accompagnent ces monogrammes avaient pour but d'indiquer le calibre
et le décor de la pièce, afin que le marchand pût, de
chez lui, faire ses commandes à la fabrique sans
crainte d'erreur.

Les Hannong usaient des mêmes marques sur
leurs produits de Haguenau, tant en porcelaines
qu'en faïence.

Bleu sous vernis. **Porcelaine pâte dure.**

Marque attribuée à la manufacture de
Frankentall, sans indication de l'époque où
elle fut en usage.

Lorsque les bâtiments de la manufacture de Frankentall furent en partie détruits, en partie vendus,
et les ouvriers envoyés à Nymphenbourg, le matériel fut vendu à M. Von Remon qui, avec des ouvriers de Greinstadt, éleva un nouvel établissement
existant encore aujourd'hui et appartenant à Franz
Bartolo, qui marque ses produits des lettres **F B**.

Fulda, près de Cassel (Hesse-Cassel).

Idem. **Idem.**

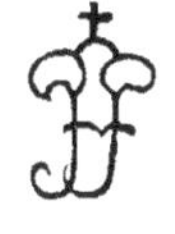

Manufacture établie par des ouvriers de
Ringler en 1763 et devenue la propriété
d'Armandus, prince-archevêque de Fulda,
en 1780.

Cette marque, composée de deux F réunies et surmontées de la couronne ducale, forme le monogramme de F[urstlich] et F[uldaïsh] (*appartenant au prince de Fulda*).

Quelques pièces portent ce monogramme sans la couronne.

Furstemberg (Brunswich).

Bleu sous vernis.   **Porcelaine pâte dure.**

Manufacture ducale, fondée en 1750 sous le patronage de Charles, duc de Brunswich, par Bengraf de Hoechst et dirigée, après la mort de celui-ci, par le baron Lang.

Gera (Thuringe).

Idem.   **Idem.**

La lettre G est parfois mieux formée. Sur certaines pièces le nom de la fabrique est mis en toutes lettres.

Gotha.

Idem.   **Idem.**

Fabrique fondée en 1780 par des ouvriers de Vienne.

Idem.   **Idem.**

Incertaine, étant attribuée par les uns à Gotha et par les autres à Rudolstadt.

Grosbreitenbach, près de Rudolstadt (Swartzbourg).

Rouge ou bleu sous vernis. — **Porcel. pâte dure.**

Fabrique de Greiner, qui emploie la même marque (une feuille de trèfle), mais généralement moins bien formée que celle-ci, dans ses fabriques de Seltzerolde, Wallendorf et Limbach.

Idem.   **Idem.**

Cette marque se trouve particulièrement sur les pièces décorées en bleu ou en rouge pourpre. (*Précipité de Cassius*).

Hoechst-sur-le-Mein, près de Francfort (Duché de Nassau).

Rouge ou bleu,   **Faïence et porcelaine**
et sur qualité supérieure en or.   **pâte dure.**

Armes de l'archevêque de Mayence — une roue surmontée du bonnet électoral.

La manufacture fondée sous le protectorat de Jean-Frédéric-Charles, archevêque de Mayence, par Gelz, ne produisait d'abord que de la faïence, mais vers 1740 Ringler vint de Vienne à Hoechst en compagnie de Lowenfink et Bengraf, et s'associa avec Gelz pour la fabrication de la porcelaine, qui continua jusqu'en 1794, époque à laquelle sa manufacture fut ruinée par suite de l'invasion française.

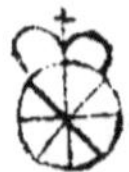

Rouge ou bleu, et
sur qualité supérieure en or.

**Faïence et porcelaine
pâte dure.**

Même marque modifiée.

Les pièces qui portent cette marque accompagnée d'une M (initiale de Melchior) sont très-recherchées. Melchior, célèbre modeleur, dirigea la manufacture sous l'électorat de Emmerick-Joseph — et lui fit faire de grands progrès. — Sous Kies, qui succéda à Melchior, les pièces produites sont généralement d'une moins belle exécution.

Bleu sous vernis.   **Idem.**

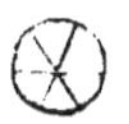  

On trouve aussi la roue sans être surmontée du bonnet électoral.

La dernière de ces marques, accompagnée de la lettre D, est celle de M. Dahl, qui a élevé dans le voisinage de Hoechst une manufacture fonctionnant encore aujourd'hui et produisant des figurines et groupes en faïence émaillée.

Limbach (Saxe-Meiningen).

Bleu sous vernis.   **Porcelaine pâte dure.**

Fabrique Greiner.

L *Idem.*   **Idem.**

Initiale du mot Limbach. — Quelquefois la lettre est en italique et quelquefois double. (Voir *Grosbreitenbach*, page 163.)

L. *Bleu sous vernis.*   **Porcelaine pâte dure.**

Variante de la précédente, sur tasses à café décorées de paysages finement dessinés.

Ludwigsburg ou **Kronenburg** (Wurtemberg).

Fabrique créée par Ringler en 1758, sous la protection de Charles-Eugène; — renommée par la beauté de ses produits et surtout par la délicatesse et le goût de ses décorations.
Elle a cessé de fonctionner en 1824.

Bleu sous vernis.   **Idem.**

Pièce des armes du Wurtemberg. — Première marque qui précéda celle des deux C couronnés. — 1758 à 1760.

Idem.   **Idem.**

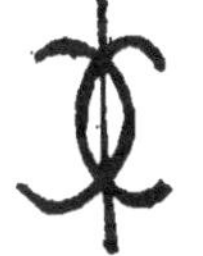 

Chiffre de Charles-Eugène : marque d'abord en usage. Elle fut modifiée plus tard par l'adjonction de la couronne électorale, ainsi que le fait voir la seconde marque.

Luxembourg.

Idem.   **Faïence.**

Sur service de table, vases, figurines, etc. Façon anglaise (terre de pipe).
Manufacture de Boch à Sept-Fontaines (B [och] L [uxembourg].)

B.L *En creux dans la pâte, sans couleur.* — **Faïence.**

Boch a aussi fait usage de la marque ci-contre.

Meïssen (Saxe).

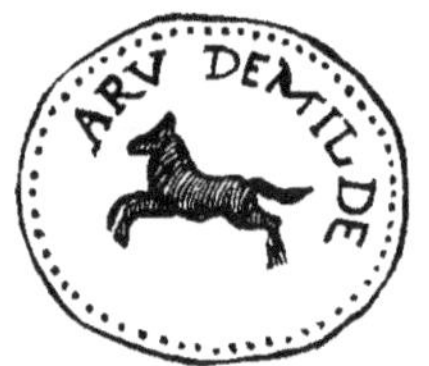

Imprimé en creux.

Marque de Boettcher — de 1700 à 1710. — Poterie de grès rouge, polie sur la roue du lapidaire ou recouverte d'un vernis opaque coloré, vitrifié à basse température.

Bleu sous vernis.   **Porcelaine pâte dure.**

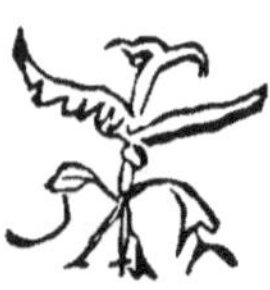

Monogramme d'Auguste, roi de Pologne A[ugustus] R[ex], qui était en même temps électeur palatin; monogramme dont on fit usage de 1710 à 1712.

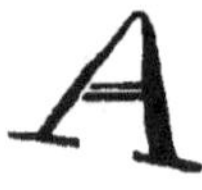

Idem.   **Idem.**

Autre monogramme d'Auguste, surmonté de l'aigle royale, ayant été aussi en usage pendant la même période.

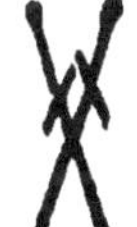

Bleu sous vernis.   **Porcelaine pâte dure.**

Marque de 1712 à 1715, et probablement jusqu'à la mort du directeur Boettcher.

Idem.   **Idem.**

Adoptée par Hoeroldt — successeur de Boettcher dans la direction de la manufacture — et en usage de 1720 à 1730.

Idem.   **Idem.**

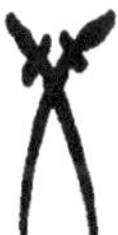 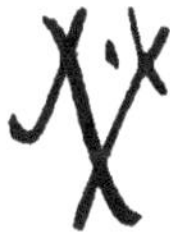 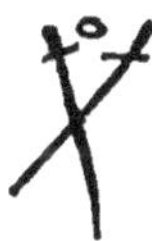

Cette marque, représentant les deux épées électorales, a été employée à partir de 1730 jusqu'à ce jour, et a subi à diverses époques certaines variations que nous avons représentées. Les deux dernières sont de la période royale ; la quatrième date de 1778 environ.

Idem.   **Idem.**

Période de Marcolini, — vers 1796.
Une seconde étoile indique l'artiste.

Les porcelaines portant cette marque sont généralement couvertes de couleur bleue foncée ou purpurine, et sont décorées avec un goût et un art remarquables.

Mettlach (Prusse-Rhénane).

Imprimé. **Faïence émaillée.**

On trouve une marque à peu près semblable sur les produits de Poppelsdorf.

Chelsea, Cologne, Sceaux et Venise ont aussi une ou plusieurs ancres se rapprochant plus ou moins de celle de Mettlach, comme marque de leurs produits.

Nymphenbourg, près de Munich (Bavière).

Bleu sous vernis. **Porcelaine pâte dure.**

Fabrique fondée — sous le patronage du roi — par Ringler, en 1747. Devenue manufacture royale, elle existe encore à présent.

Ce signe symbolique que l'on rencontre fréquemment en Allemagne, figure sur les enseignes d'auberges et de brasseries, et se trouve aussi sur les horloges de la Forêt-Noire. — Première période.

Idem. **Idem.**

Écusson de Bavière. — Seconde période.

La fabrique de Frankentall, à la mort de Charles-Théodore, arrivée en 1799, fut transportée et réunie à celle de Nymphenbourg.

Poppelsdorf-sur-le-Rhin, près de Bonn.

Imprimée. **Faïence fine.**

Fabrique de M. L. Wessel.
(Voir *Mettlach*, p. 168.)

Rauenstein (Saxe-Meiningen).

Bleu sous vernis. **Pâte dure.**

Monogramme en usage dans la manufacture principale de Rauenstein.

Idem. **Idem.**

Variété de la précédente marque.

Rudolstadt (Swartzbourg).

Bleu sous vernis. **Porcelaine pâte dure.**

Première manufacture de la Thuringe, établie vers 1758, elle était en 1795 dans son état le plus florissant.

Sur quelques pièces, on voit un point au-dessus de la lettre R.

Seltzerolde (Thuringe).

Wallendorf (Thuringe).

(Voir *Grosbreitenbach*, page 163.)

12

Wielsdorf (Thuringe).

Bleu sous vernis.   **Porcelaine pâte dure.**

Sur tasses et soucoupes décorées de fleurs en bouquet, ou semées à distance. — Moitié du XVIIIe siècle. — Donnée par quelques-uns comme étant d'Amstel, près d'Amsterdam.

Wurtzbourg (Bavière).

Bleu sous vernis.   **Porcelaine dure.**

Fabrique du XVIIIe siècle.
(La mître du prince-évêque.)

MARQUES DE FABRIQUES ALLEMANDES

DONT LE LIEU EST RESTÉ INCONNU JUSQU'A PRÉSENT.

IE 1589 — Sur une cruche en grès gris émaillé de bleu. — Possédée par MM. Gimbel de Strasbourg.

H.F. *Bleu au pinceau.* **Faïence du XVIIe siècle.** Marque se trouvant sur deux assiettes faisant partie de la collection de Sèvres.

Classée d'abord comme italienne par A. Brongniart, elle est maintenant portée, provisoirement toutefois, par M. Riocreux, parmi les marques allemandes.

Nous avons rencontré aussi cette marque sur un plat en faïence, évidemment de fabrication allemande, portant le millésime de 1694, et décoré, dans le bassin, d'armoiries, et sur les bords, de fruits et fleurs en guirlande. — Peinture polychrôme. — A droite des armoiries, le monogramme H F ; et à gauche le millésime accompagné de la lettre Z, qui pourrait bien être le monogramme du décorateur.

Bleu au pinceau. **Faïence du XVIIe siècle.**

Idem. **Faïence du XVIIIe siècle.**

En couleur. — **Faïence XVIIIe s.**

Fabrique inconnue.
(Strobel — Année 1730
17 octobre).

Bleu sous vernis. — **Porcelaine pâte dure. XVIIIe s.**

Sur une théière décorée d'arabesques floriformes en bleu.

ANGLETERRE.

ANGLETERRE.

Bow, près de Londres.

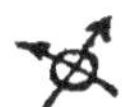

En creux dans la pâte,
sans couleur.

Porcelaine pâte tendre,
blanche et transpar.

Une abeille peinte sur l'un des points apparents d'une théière ou d'un pot à lait, est supposée avoir été une marque de cette fabrique.

Mais la seule marque certaine est un triangle, quelquefois répété quatre fois, de manière à former un carré.

La fabrique de Bow a produit, dit-on, la première porcelaine anglaise; elle a été transportée à Derby en 1748. — Ses produits sont aussi estimés que ceux de Chelsea.

Bleu sous vernis.

Attribuée, mais sans certitude, à cette fabrique.

Bristol (Comté de Bristol).

Bleu sous vernis.

Faïence et porcelaine pâte dure.

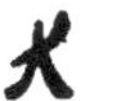 

Marques diverses de la fabrique fondée à Bristol en

1772, fermée ou plutôt transportée dans le Stafford-shire en 1777.

Brongniart dit qu'il a été fait de la porcelaine tendre à Bristol vers 1776, par Champion, directeur de cette fabrique.

Les spécimens en sont rares.

Caughley, près de Broseley (C^{té} de Salop ou de Shrop.)

Bleu sous vernis.   **Porcelaine pâte tendre.**

Fabrique créée en 1772 par Thomas Turner.

Les pièces produites avant 1780 portent quelquefois, mais rarement, le nom *Salopian* en entier.

Idem.   **Idem.**

Marque en usage vers 1789. — Les pièces ont été parfois envoyées à Worcester pour être dorées et décorées, ce qui fait qu'elles ont le même caractère que les produits de cette dernière fabrique.

Idem.   **Porcelaine et faïence.**

Monogramme employé parfois par MM. Rose et Coulbrookdale, successeurs de Turner, qui ont élevé à Buildwas, dans la vallée de Colebrooke, une grande manufacture de poteries et de porcelaines, un des plus beaux établissements de ce genre qui soient en Europe, et où les produits de Sèvres, de Saxe et de Chelsea sont imités avec succès.

Chelsea, près de Londres (C^{té} de Middlesex).

En creux dans la pâte, sans couleur. — **Porcel. p. t.**

Fabrique connue en 1745, et probablement fondée par les frères Elers.

Marque supposée être la plus ancienne.

Cette fabrique fut dans son état le plus florissant de 1750 à 1763 et réunie à Derby en 1764.

En or sur les pièces de qualité supérieure et en rouge sur celles de qualité inférieure.

Ces trois marques, postérieures à celle ci-dessus, furent en usage jusqu'en 1764.

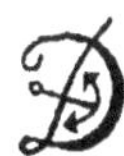

Marque incertaine; attribuée par les uns à Chelsea, et par les autres à Bow, Sea-Bow ou Worcester.

Derby (C^{té} de Derby).

Bleu et autres couleurs. — **Porc. p. t., transpar. et fine.**

La manufacture de Chelsea a été réunie à Derby en 1764.

Cette marque indique la réunion des deux établissements. — Elle est parfois en or sur les pièces de choix.

Violet.   **Porcelaine pâte tendre, transpar. et fine.**

Marque du Derby-Royal, postérieur au Chelsea-Derby. — Ses produits sont inférieurs à ceux de cette dernière fabrique.

Bleu.   **Idem.**

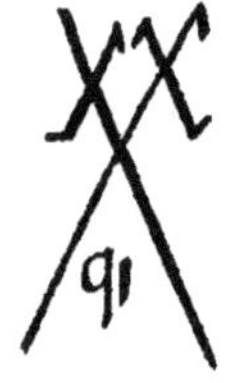

Cette marque, d'origine très-contestée, est donnée par Marryat comme anglaise; par Joseph comme appartenant à Derby, en imitation de Chelsea; enfin par d'autres comme étant de Worcester. Elle imite en tout cas la marque des deux épées électorales de Saxe.

Les pièces portant cette marque sont recherchées autant pour leur rareté que pour leur mérite artistique.

Leeds (C^{té} de York).

Bleu sous vernis.   **Faïence fine.**

Monogramme de Charles Green. 1770.

Idem.   **Idem.**

Autre marque de cette fabrique.

On voit sur certaines pièces les mots *Leeds pottery* imprimés en creux dans la pâte.

Longport (C^{té} de Stafford).

En creux dans la pâte, sans couleur.   **Porcelaine opaque.**

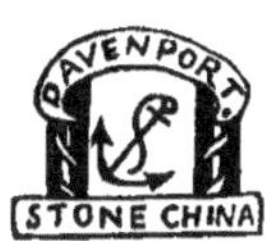

Fabrique de *Ironstone* ou *Stone-China* de Davenport à Longport, créée en 1793 et existant encore aujourd'hui.

Cette marque, avant que la faïence eût pris le nom de *iron stone pottery*, ne portait que l'ancre et le nom.

Plymouth (C^{té} de Devon).

Bleu sous vernis.   **Porcelaine pâte dure.**

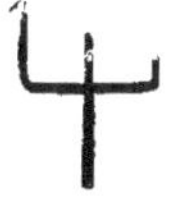

Fabrique établie par Cookworthy vers 1760, qui ne continua à faire de la porcelaine que jusqu'en 1768, époque à laquelle elle produisit la *China-Clay*. — Elle a cessé de fonctionner en 1772.

Les produits portant cette marque sont fort rares.

La décoration des porcelaines de cette fabrique — les premières faites en Angleterre — est généralement bleue et blanche.

Swansea et Nantgarrow (C^{té} de Clamorgan).

Rouge.   **Porcelaine et faïence.**

La fabrique de Swansea, fondée vers 1750, s'est réunie à Nantgarrow en 1817. Après cette époque on se servit pour marque du mot **Svansea**, avec un *trident*; quelquefois le nom de **Bevington**, directeur de l'établissement y est ajouté.

Les produits de Nantgarrow sont marqués de ce nom en entier.

De 1814 à 1817 on trouve le nom de Swansea avec le trident estampé en rouge.

Les anciennes pièces de Nantgarrow et de Swansea sont rares et recherchées.

Worcester (C^{té} de Worcester).

Bleu sous vernis. — **Porcelaine pâte tend.**

Monogrammes de Wall ou de Worcester.

Fabrique créée par le docteur Wall en 1751, dirigée ensuite par Cookworthy, de Plymouth, jusqu'en 1783, et par Thomas Flight à partir de cette époque.

Cette fabrique appartient actuellement à MM. Ker et Binns.

Idem.

Marque du vieux Worcester.

Les pièces portant cette marque sont décorées en bleu et sans dorure, et imitent la porcelaine de Nanking.

La porcelaine de la première période est égale au Derby lorsqu'elle est de bonne qualité.

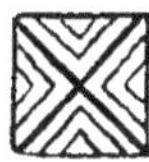

Rouge ou bleu sous vernis.

Marque de la seconde période de l'ancien Worcester.

Les pièces ainsi marquées sont aussi généralement décorées à l'imitation des porcelaines chinoises.

Bleu sous vernis.

Marque attribuée, sans certitude, par quelques-uns à Worcester.

Cette marque se trouve sur l'ancienne porcelaine bleue et blanche.

F. B. B. *Bleu.*

Monogramme de M. Thomas Flight, lorsqu'il ne marquait pas de son nom en entier ses produits, généralement très-beaux, tant sous le rapport de la pâte que sous celui de la décoration.

Bleu sous vernis.

Marque de MM. Ker et Binns, propriétaires actuels de la fabrique de Worcester.

POSSESSIONS ANGLAISES.

Malte.

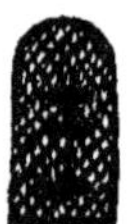

En creux dans la pâte.　　　　　　　　　　　Grès.

Sur jarres triangulaires.

AUTRICHE

BOHÊME, DANEMARK

ESPAGNE.

AUTRICHE.

Vienne.

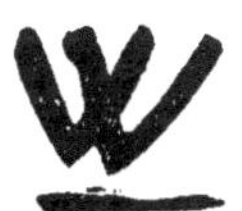

En couleur. **Faïence XVIIIe siècle.**

Marque d'une fabrique inconnue, présumée être de Vienne.

Bleu sous vernis. **Idem.**

Variété de la marque ci-dessus. Sur portefleurs, style Pompadour, décor polychrôme, genre Haguenau.

Idem. **Porcelaine pâte dure.**

Marque adoptée en 1744 par la manufacture impériale qui, de 1720 — époque de sa création — jusqu'à ladite année 1744, n'a pas marqué ses produits.

BOHÊME.

Altenrolhau, près de Carlsbad.

Imprimée en creux.   **Faïence.**

A : N   Monogramme du fabricant A. Nowotny.

Elbogen.

En creux dans la pâte,
      sans couleur.   **Porcelaine pâte dure.**

Fabrique de Haidinger, dont la marque
fait allusion au nom de la ville (Elbogen,
Coude en français).

Le Hammer, près de Carlsbad.

Bleu sous vernis.   **Porcelaine pâte dure.**

Monogrammes de
Ficher et de Rei-
chenbach, directeurs
de la fabrique.

Schlakenwald, près de Carlsbad.

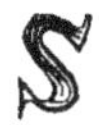 *En creux dans la pâte,*
sans couleur. **Porcelaine pâte dure.**

Établissement fondé en 1812.

Cette marque est en or sur les pièces de qualité supérieure.

Thomas Turner, à Caughley, près de Broseley (Angleterre), et Souroux, à Paris, font aussi usage pour leurs produits de la même lettre.

Frain (Moravie).

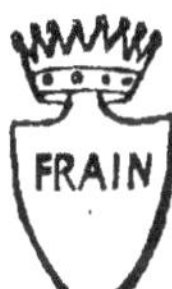 *Bleu sous vernis.* **Faïence.**

Marque de fabrication. — Celle de décoration consiste en une ancre ornée de rubans et de feuilles.

DANEMARK.

Copenhague.

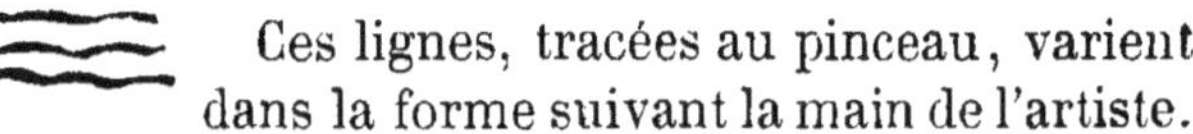

Bleu sous vernis.   **Porcelaine pâte dure.**

Trois lignes figurant des vagues par allusion au Sund, aux grand et petit détroits, sur la côte du Danemarck, forment la marque de la manufacture royale.

Nelson affectionnait beaucoup les produits de cette fabrique. Il en envoya à lady Hamilton lorsqu'il fut à Copenhague en 1801.

Ces lignes, tracées au pinceau, varient dans la forme suivant la main de l'artiste.

ESPAGNE.

Buen-Retiro, près de Madrid.

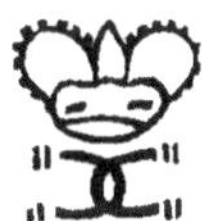

*En creux dans la pâte,
sans couleur.*   **Faïence et porcelaine
pâte tendre.**

Monogramme de Charles III.

Ce monogramme n'est pas toujours surmonté d'une couronne, ainsi qu'on le voit ci-contre.

Bleu ou rouge.   **Idem.**

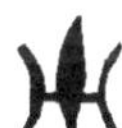 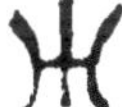 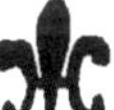 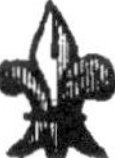

Autres marques de Buen-Retiro. — La dernière de ces marques se trouvant sur les produits de qualité supérieure.

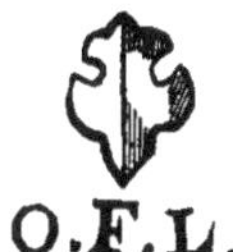

Imprimée en cachet. — **Faïence et porcelaine p. t.**

Marque mise sur un sucrier, et donnée par M. Joseph comme étant de Madrid.

La manufacture de Buen-Retiro fut fondée en 1759 par Charles III.

Lorsque ce souverain eut, — après la mort de son frère, Ferdinand VI, — quitté la couronne des Deux-Siciles pour prendre celle d'Espagne, il résolut d'établir dans ses nouveaux états une fabrique de porcelaine comme déjà il en avait créé une à Capo di Monte, pendant qu'il régnait à Naples. A cet effet il fit venir à Madrid vingt-deux ouvriers des plus habiles de Capo di Monte, avec les meilleurs modèles de cet établissement, et les installa dans une dépendance de son château de Buen-Retiro, où furent produites des œuvres d'un très-grand mérite. Elles sont, pour la plupart, ornées de reliefs comme celles de Capo di Monte, et ont comme ces dernières une grande analogie avec les produits de Sèvres.

Cette manufacture a été détruite par les Anglais en 1812, lors de la guerre de l'Indépendance.

ITALIE.

ITALIE.

Bassano (Lombardie).

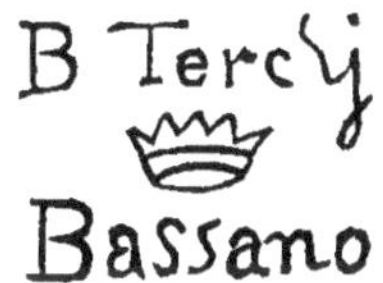

Bleu au pinceau. — **Faïence XVIe siècle.**

La marque ci-contre est celle de Bartholomeo Terchi, l'un des artistes qui contribua le plus, avec Antonio Terchi, à l'illustration de la fabrique de Bassano, créée par le peintre Simone Marinoni vers le milieu du XVIe siècle.

B. Terchi a signé plusieurs de ses œuvres ainsi : *Bart. Terchi. Romano.*

Lenove, près de Bassano.

Rouge ou bleu. — **Porcelaine pâte tendre et pâte dure.**

Astérisque à six branches.

La fabrique de Lenove a été fondée à la fin du XVIIIe siècle, et a cessé de fonctionner en 1812.

On rencontre une semblable marque, mais beaucoup plus grande, sur des produits de Gubbio.

Idem.   Idem.

Autre marque de Lenove.

Castelli (Abruzzes).

Bleu.   **Faïence XVIIe siècle.**

Les produits de Castelli portent rarement une marque. — Passeri donne celle ci-contre, qui semble être cependant napolitaine, comme la seule en usage sur les faïences des Abruzzes.

Un des caractères distinctifs des majoliques de Castelli, c'est le paysage qui entre dans le plus grand nombre des décorations.

Deruta, près de Pérouse.

Rouge violacé.   **Faïence XVIe et XVIIe siècles.**

FEBo DAFNE
IN DERVTA
1244

La fabrique créée dans le château de Deruta s'est fait remarquer particulièrement par ses émaux à reflets métalliques, et surtout par le jaune doré et nacré dont l'emploi paraît avoir eu lieu pour la première fois dans cet établissement.

Au nombre des artistes qui contribuèrent le plus à la prospérité de Deruta, on cite Antonio Lafreria, d'origine française, qui vivait à Rome vers le milieu du XVIe siècle. On rencontre plusieurs de ses œuvres signées de son nom entier et portant au revers les mots : *In Deruta* suivis de la date de leur fabrication.

Faënza.

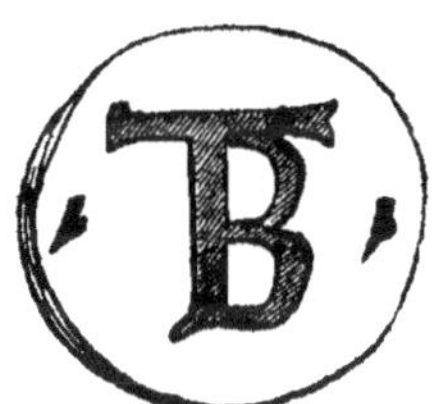

Rouge orange.   **Faïence XVe et XVIe siècles.**

Marque attribuée par les uns à Faënza et par les autres à Florence.

Bleu.   **Idem.**

Monogramme de Atanasius, suivant Henri G. Bohn et suivant Marryat, qui l'a trouvé sur une assiette représentant Samson faisant crouler le Temple.

Idem.   **Idem.**

Sur une assiette provenant de la collection Bernal, et faisant partie maintenant du Musée Britannique. — Présumée être du commencement du XVIe siècle.

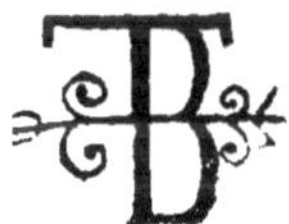

Idem.   **Idem.**

Marque de Faënza suivant Passeri. Sur un plateau d'une rare exécution décoré dans le genre d'Albert Durer.

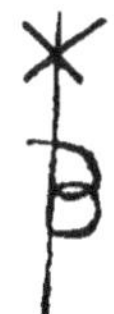

Rouge brique.   **Idem.**

Donnée comme étant de Faënza par Henri G. Bohn. — Sur une assiette ayant plus l'apparence de la porcelaine que de la faïence.

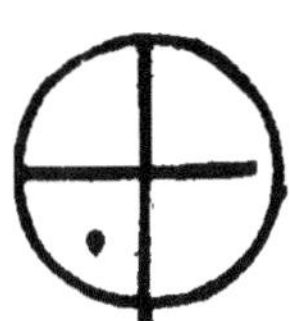

Rouge orange. **Faïence XVᵉ et XVIᵉ siècles.**

Ce monogramme se trouve sur trois pièces (jarres médecinales) ayant fait partie de la collection Bernal et sur une assiette où le nom Faënza est écrit en entier. — Il est interprété ainsi par Henri G. Bohn : « P. Incha Agricola. »

Rouge brique. **Faience XVIᵉ siècle.**

Cette marque existe sur des pièces datées de 1525 et 1527 qui sont au Musée Britannique ; elle est attribuée aussi à Faënza par Bohn.

Bleu. **· Idem.**

Cette marque, dont l'origine est incertaine, a été attribuée à Faënza parce qu'elle se rencontre sur des faïences ayant le caractère des produits de ce pays.

Nous ferons remarquer qu'elle se rapproche beaucoup de l'une des marques du vieux Rouen.

Faënza a rivalisé avec Pesaro et a souvent imité Urbino ; aussi beaucoup de ses œuvres ont-elles été attribuées par erreur à l'un ou à l'autre de ces illustres centres de la céramique.

Mais ce qui distingue Faënza des autres fabriques italiennes, ce sont ses élégantes arabesques en grisaille sur fond bleu ou de diverses couleurs sur fond bleu et jaune.

Florence.

Rouge sanguine.   **Faïence XVIe siècle.**

Brongniart donne cette marque comme florentine, sans lui assigner aucune date. Elle est probablement du XVIe siècle, et se trouve sur une soupière en forme de chou faisant partie de la collection de Sèvres. Cette soupière a été vendûe en 1830 à Brongniart par un brocanteur napolitain comme provenant de la manufacture de Florence; mais nous devons dire que M. Riocreux a tout récemment acquis la presque certitude que cette pièce est un produit d'une fabrique de l'ancienne Basse-Picardie, qui en posséderait encore le moule.

Cette fabrique ne fait plus aujourd'hui que des carreaux de revêtement pour fourneaux.

Bleu.   **Idem.**

Sur une pièce du Musée de Sèvres considérée comme un produit de Florence.

Caffagiolo, près de Florence.

Bleu.   **Faïence XVIe siècle.**

Monogramme attribué par M. Robinson de Malborough à la fabrique de Caffagiolo — château des Médicis.

Bleu. **Faïence XVIᵉ siècle.**

Autre de l'un des artistes de cet établissement dont le nom est resté inconnu.

La plupart des produits de Caffagiolo se confondent aisément avec ceux de Faënza.

Doccia, **près de Florence.**

Bleu ou en creux dans la pâte, sans couleur. **Porcelaine pâte tendre et pâte dure.**

Fabrique fondée en 1735 par le marquis de Ginori, qui marquait ses produits de deux triangles croisés formant étoile à six pointes (quartier des armes de sa famille, qui porte d'azur, sur bande d'or, à trois étoiles). — Le nom de Ginori est généralement imprimé en toutes lettres sur la pièce.

Cet établissement, encore aujourd'hui en pleine prospérité, fait, non-seulement des porcelaines qui — au point de vue de l'art — ne sont pas sans mérite, mais encore des faïences fines et communes, et il reproduit des majoliques anciennes avec un tel succès que ses imitations sont aisément prises pour des originaux.

Bleu et en or sur qualité supérieure.

Modification de la précédente.

Bleu.

Sur une coupe décorée de médaillons, avec les armes de Florence.

Savone, près de Gênes.

Bleu sous vernis. **Faïence XVIe et XVIIe siècles.**

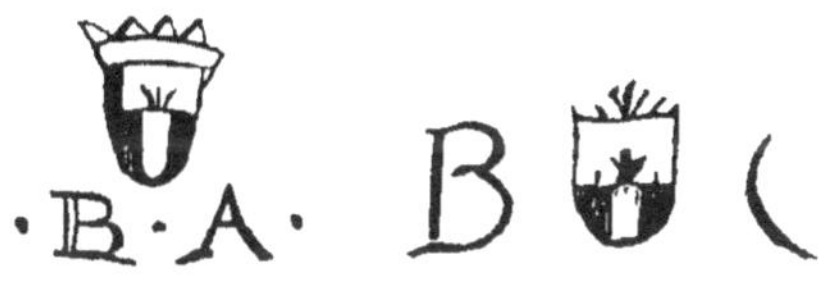

Marque aux armes de Savone.

Sur plats à bords festonnés chargés d'ornements en relief et de décors camaïeu bleu, — et sur
des vases de pharmacie en forme de gobelets évasés
avec couvercles, ornés d'arabesques et rinceaux, et
de médaillons sur la panse représentant en buste des
personnages dont quelques-uns portent le costume
du temps de Louis XIV.

On rencon-
tre assez fré-
quemment
cette marque

accompagnée de lettres. Ce sont les initiales de l'artiste décorateur.

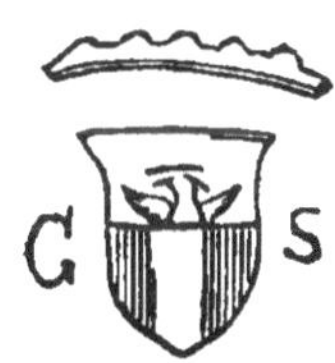

Nous citerons encore la marque
ci-contre aux initiales de Girolamo
Salomone, célèbre artiste qui flo-
rissait en 1650. Plusieurs auteurs
ont avancé que Girolamo avait été

appelé en France par François Ier, pour participer
à la décoration du château de Madrid-Boulogne.
L'époque où il vivait, postérieure de plus d'un
siècle au règne de ce prince, rend cette supposition
impossible.

Bleu sous vernis.

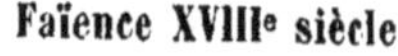

Faïence XVIIIe siècle.

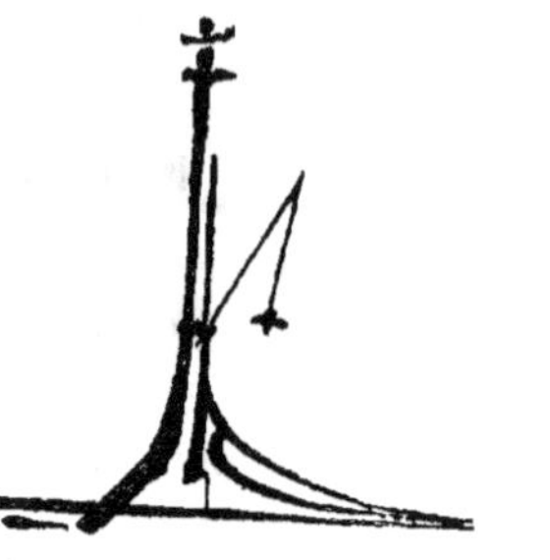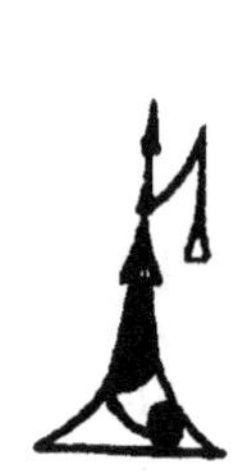

Marques — représentant la lanterne de Gênes, — sur grands plats et autres pièces de table d'un émail éclatant de blancheur avec décors camaïeu bleu d'une belle exécution.

Idem. **Idem.**

Sur assiettes artistement décorées en bleu de paysages animés de personnages dessinés dans la manière de Callot.

Genre majolique.

Les produits de Savone sont généralement décorés en bleu.

Gubbio.

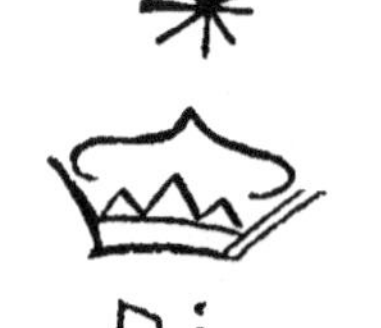

Rouge au pinceau. **Faïence XVe et XVIe s.**

Monogramme attribué à Giorgio di Pietro Andréoli de Pavie, élève du célèbre Luca della Robbia. Il aurait adopté cette marque à son arrivée, de Pavie à Gubbio, vers 1498.

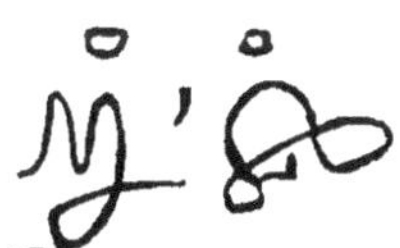

Bleu au pinceau.   **Faïence des XVe et XVIe siècles.**

Autre monogramme du même avant son anoblissement.

On a voulu voir dans cette marque le monogramme composé de Giorgio Andréoli et de Orazio Fontana.

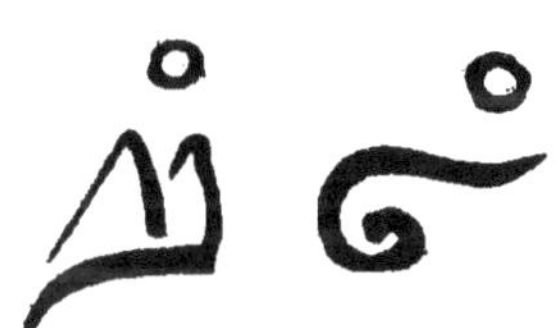

Idem.   **Idem.**

Monogramme de maëstro Giorgio, titre pris par Andréoli du moment où il fut anobli.

En couleur au pinceau. — **Idem.**

Sur une tasse datée de 1525, et que l'on présume être l'une des dernières œuvres de maëstro Giorgio.

Idem.   **Idem.**

Sur une pièce datée de 1519.

Passeri attribue ce monogramme à maëstro Giorgio; mais nous pensons, avec d'autres, qu'il appartient à maëstro Cencio.

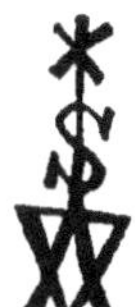

Idem.   **Idem.**

Sur plats à reflets métalliques ornés d'arabesques. — Monogramme de maëstro Cencio, c'est-à-dire Vincentio ou Vicenzio, fils de maëstro Giorgio.

14

S·P·Q·R. *En couleur au pinceau.* — **Faïence des XVe et XVIe siècles.**

Sur assiettes datées de 1502, 1520, 1525 et 1535.

Certaines personnes attribuent cette marque à Gubbio, d'autres à Naples.

Un caractère propre aux produits de Gubbio, et particulièrement aux œuvres de maëstro Giorgio, est un beau rouge rubis dont les procédés de fabrication n'ont pas été conservés.

Naples.

En couleur au pinceau. **Faïence XVIe siècle.**

Sur des vases de pharmacie d'une époque pouvant remonter au milieu du XVIe siècle.

Plusieurs des produits de Pérouse sont aussi marqués de la lettre P.

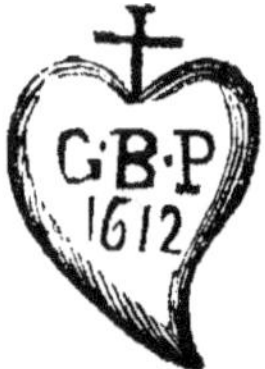

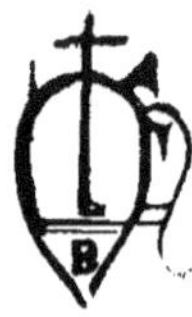

Idem. — **Faïence XVIe et XVIIe s.**

Sur des vases de pharmacie. — On trouve la première de ces marques avec la date de 1540.

Rouge sur vernis. **Idem.**

F D·V
N

Marque de différentes pièces de service de table et de pièces décorées dans le genre étrusque, en noir et en rouge, interprétée ainsi par Brongniart : F. D[el] V[ecchio] N[apolis].

Bleu.   **Faïence XVIIe siècle.**

H.F. HF   Sur deux assiettes faisant partie de la collection de Sèvres.

Ces deux marques, attribuées par Brongniart à la fabrication napolitaine, sont fort douteuses; car les pièces qui les portent, peintes dans le genre des faïences de Castelli, sont plus probablement une imitation allemande de ces faïences. — Elles ont été acquises à Nuremberg en 1836 par Brongniart. (Voir *Allemagne*, p. 171.)

Bleu sous vernis.   **Faïence XVIIIe siècle.**

Marque des frères Giustiniani, cités au nombre des plus remarquables élèves de la famille des Grue, qui se distingua à Castelli par l'exquise décoration de ses faïences.

Idem.   **Idem.**

Variété : sur des vases de tous styles — principalement étrusque. — Pâte blanche ou colorée, rouge et noire.

Idem.   **Idem.**

Autre : sur un plat en forme de coquille, portant la date de 1780.

Idem.   **Idem.**

On trouve aussi des pièces dans le genre étrusque, blanc, noir, rouge et brun, signées

du nom de Giustiniani en entier, suivi des lettres I et
N — I [n] N [apoli] —, ainsi qu'on le voit ci-dessus.

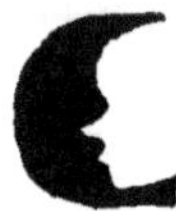

En couleur au pinceau.   **Faïence XVIIIe siècle.**

Sur une pièce du musée de Sèvres, considérée comme étant de provenance napolitaine.

*Bleu ou rouge, ou imprimée dans
    la pâte, sans couleur.*   **Porcelaine pâte tendre.**

  Marques de la manufacture
royale fondée sous la protec-
tion de Ferdinand IV, peu de
temps après son accession au trône, en 1759, et
abandonnée en 1799. — Henri G. Bohn dit qu'elle
n'a cessé de fonctionner qu'en 1821.

Les manufactures napolitaines se sont distinguées
par leurs imitations de majoliques anciennes et de
porcelaines de Sèvres et de Saxe.

Capo di Monte, près de Naples.

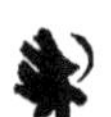 *En creux dans la pâte,
    sans couleur.*   **Porcelaine pâte tendre.**

La manufacture de Capo di Monte a rarement
marqué ses produits. On lui attribue, sans beaucoup
de certitude, le signe ci-contre.

Cet établissement, fondé en 1736 par Charles III, roi des Deux-Siciles, s'est rendu célèbre par l'excellence de ses produits ; mais ses œuvres les plus remarquables, dont l'analogie avec celles de Sèvres est très-grande, sont antérieures à 1759. La rareté des pièces sorties de la manufacture de Capo di Monte les fait rechercher non moins que leur mérite.

En 1759, Charles III, — devenu roi d'Espagne après son frère, Ferdinand VI — emmena avec lui une partie du personnel de la fabrique de Capo di Monte pour établir celle de Buen-Retiro ; mais la première ne cessa pas pour cela de fonctionner : ce n'est que plus tard qu'elle fut transférée à Naples.

Urbino.

Rouge au pinceau et autres couleurs.

Faïence fin du XVᵉ siècle et commencement du XVIᵉ.

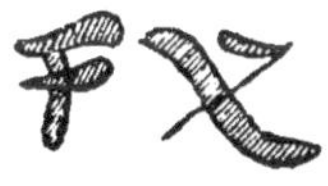

Sigle de Francesco Xanto, qui fut l'un des plus grands maîtres en majolique de toute l'Italie.

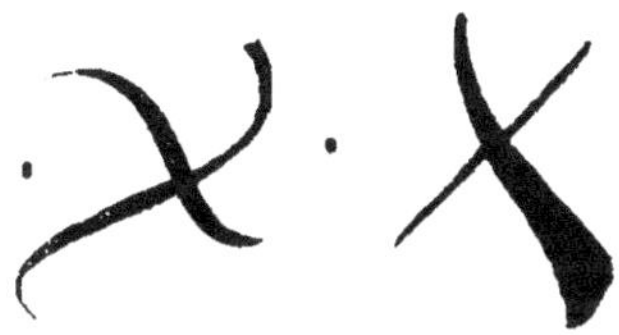

Idem.   **Idem.**

Monogrammes du même.

Rouge au pinceau et autres couleurs.

Faïence fin du XVe siècle et commencement du XVIe.

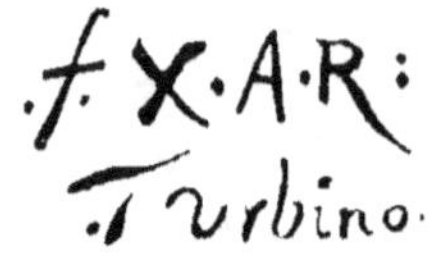

Signature du même :
F[rancesco] X[anto] A[velli] R[ovighese] in Urbino. Sur plusieurs pièces datées de 1532, 1533 et 1534, au musée de Correr, à Venise.

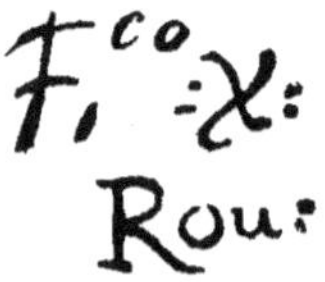

Idem. — **Idem.**

Autre :
F[rancesco] X[anto] Rou[ighese].

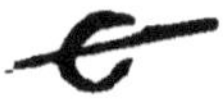

Idem. — **Idem.**

Ce monogramme — existant sur une tasse décorée d'un sujet mythologique — donné à F. Xanto, pourrait bien être celui de Lucas Cranach ou de Lucas Cambiasi.

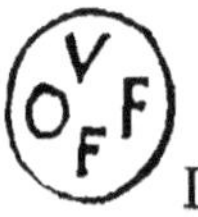

Idem. — **Idem.**

Marque d'Orazio Fontana, né à Castel-Durante, de Guido Fontana, avec lequel il vint s'établir vers 1530 à Urbino, où il mourut en 1571. Passeri interprète ainsi cette marque :
« O[razio] F[ontana] U[rbinate] F[ecit]. »

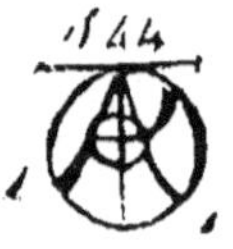

Idem. — **Idem.**

Monogramme du même composé des lettres O R A T I O F[ecit].

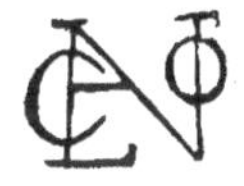

Rouge au pinceau et autres couleurs.   **Faïence fin du XVe s. et comm. du XVIe.**

Autre : attribué aussi à O. Fontana. — Sur un superbe plat faisant partie de la collection du Louvre et daté de 1550.

On croit généralement que les plus beaux vases de la remarquable pharmacie d'Urbino, transportés et conservés à Loreto, sont en grande partie des œuvres de ce grand maître.

Idem.   **Idem.**

A P.

Sigle dont faisait usage Alphonso Patanazzo, lorsqu'il ne signait pas ses œuvres de son nom entier. — Ce célèbre céramiste vivait au commencement du XVIIe siècle.

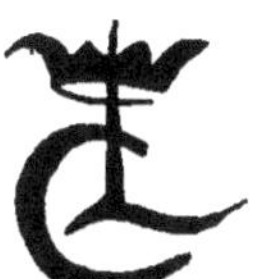

Bleu et autres couleurs.   **Idem.**

Sur un plat de la collection Sauvageot; attribué à Nicolo, d'Urbino.

Idem.   **Idem.**

Monogramme douteux qui ressemble, en supprimant la couronne, à celui de Lucas Cranach ou à celui de Lucas Cambiasi, que l'on trouve, à Genève, sur une pièce décorée en camaïeu.

C

Bleu et autres couleurs.

Faïence fin du XVᵉ siècle et commenc. du XVIᵉ.

Sur une magnifique aiguière considérée comme un produit d'Urbino.

Collection de M. Rothschild.

B. F. V. F.

Idem.

Idem.

Ce monogramme se trouvant sur plusieurs vases de la pharmacie de Loreto, interprété ainsi : B [attista] F [ranca] V [rbino] F [ecit], serait celui de Battista Franca, peintre vénitien, que Guidobaldo II della Rovere, duc d'Urbino, fit venir près de lui vers 1540, et qui exécuta, de concert avec Taddeo Zuccarro, sous la direction des frères Fontana, le merveilleux service dont le duc Guidobaldo fit hommage à l'empereur Charles V.

Cet habile peintre céramiste quitta Urbino vers 1555, et retourna habiter Venise jusqu'au jour de sa mort (1561).

A la suite des F. Xanto et des frères Fontana, qui ont le plus contribué à la grande célébrité d'Urbino, on cite, entr'autres, les maëstri Perestino ou Prestino, Guido Merlino et Gileo, qui ont signé la plupart de leurs œuvres, tantôt de leur nom entier, tantôt de leur initiale.

Des arabesques délicatement dessinées sur fond blanc, forment l'un des caractères propres aux produits d'Urbino, qui s'est fait remarquer par ses majoliques ornées de portraits de femmes accompagnés de légendes galantes. Nous avons parlé de ces majoliques, « dites *Amatorie,* » dans nos *Recherches historiques* (page 7).

Un trait plus ou moins prononcé contournant les figures ou autres objets représentés, permet de distinguer les œuvres d'Urbino des autres majoliques italiennes. Ce trait est souvent sec et dur comme s'il était tracé à la plume.

Castel-Durante (Duché d'Urbino).

Rouge et autres couleurs. — **Faïence XVIe s.**

Cette marque est attribuée à l'un de ces nombreux artistes qui ont illustré Castel-Durante et ont été répandre dans presque toute l'Europe l'art de la céramique.

Les Giovanni, Lucio et Teseo Gatti, Francesco del Vasajo, Guido di Savino, Giorgio Pichi et Cipriano Picco Palsso étaient de Castel-Durante.

Picco Palsso a laissé un ouvrage intitulé *Tre libri del l'arte del vasajo,* qui contient, sur la fabrication de la majolique, de précieux renseignements.

La fabrique de Castel-Durante, qui fut dans son état le plus florissant de 1515 à 1579, a produit beaucoup de vases d'apparat et de pharmacie décorés de personnages et d'arabesques avec une délicatesse et une pureté de style très-remarquable. Elle a égalé, sinon surpassé, celle d'Urbino, dans l'exquise décoration de ses majoliques dites *Amatorie*.

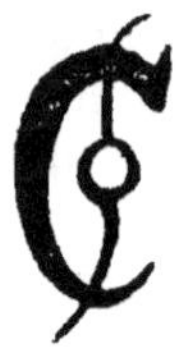

Rouge au pinceau, et autres couleurs.

Faïence XVIe siècle.

Cette marque attribuée tantôt à Deruta, tantôt à Faënza, est de Castel-Durante; on la trouve dans la collection de Cluny sur un plat représentant Diane au bain. — On la trouve aussi sur des plats avec reliefs à reflets métalliques.

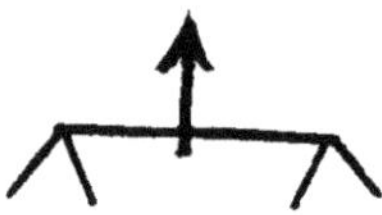

Bleu au pinceau. **Idem.**

Sigle d'un artiste inconnu dont les œuvres péchant sous le rapport du dessin, sont remarquables par la vigueur des couleurs employées dans la composition et surtout par l'éclat d'un rouge rubis qui semble appartenir à l'école d'Urbino.

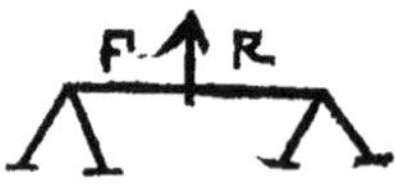

Idem. **Idem.**

Variété de la marque précédente. Sur un plat portant la date de 1535, et représentant un sujet obscène dessiné en camaïeu bistre sur fond bleu, et entouré de rinceaux et de légendes.

Pesaro (Duché d'Urbino).

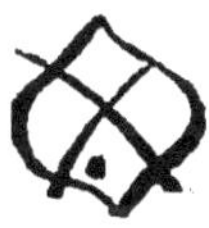

Rouge au pinceau.   **Faïence XVIe siècle.**

Sigle d'un artiste inconnu. Sur des plats ayant quelque similitude avec les produits de Faënza.

Variété du sigle précédent.

Idem.   **Idem.**

Abréviation de *In Pesaro*, que Geronimo de Lanfranco était dans l'usage de placer sur les pièces par lui signées de son nom en toutes lettres.

Les faïences de Pesaro se distinguent par un éclat cuivré inimitable.

Venise.

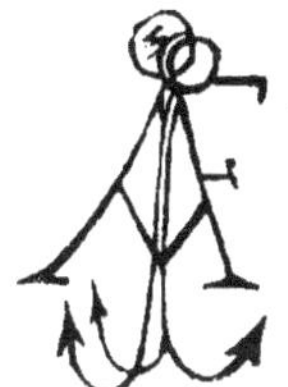

Bleu sur vernis.   **Faïence seconde moitié du XVIIe siècle.**

Sur un plat du musée de Sèvres. — Majolique d'un beau caractère.

Ven:ᵃ· *Rouge sous vernis.* — **Faïence et porcelaine.**

Cette marque se trouve sur l'ancienne faïence vénitienne ainsi que sur la porcelaine.

Idem. **Porcelaine pâte dure.**

Cette marque représentant deux fléaux à battre le blé, est donnée par M. Joseph comme se trouvant sur une saucière avec plateau, décorée de portraits, qu'il considère comme un produit de Venise.

Bleu sous vernis. **Idem.**

Marque d'une fabrique du siècle dernier, fermée en 1812 ou 1820.

Idem. **Idem.**

Sur un service de table.

Vicenza.

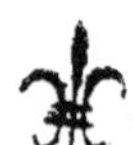
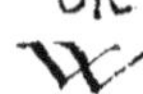

Rouge brun sur vernis. **Faïence.**

Sur assiettes de dessert.

Vinove (Vineuf), près de Turin.

Bleu sous vernis.   **Faïence et porcelaine pâte dure, dite de Turin.**

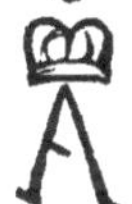

Marque de la fabrique du docteur Gioanetti. — La croix représente les armes de Savoie.

Idem.   **Idem.**

Variété. — Cette dernière marque se trouve quelquefois sans être accompagnée des lettres D G. — Certaines pièces ne portent que la croix figurée dans la marque ci-dessus. — On dit que la plus ancienne marque était un W tracé en bleu.

Idem.   **Idem.**

Autre marque de la période de Gioanetti.

MARQUES D'ORIGINE DOUTEUSE.

ITALO-ALLEMANDES.

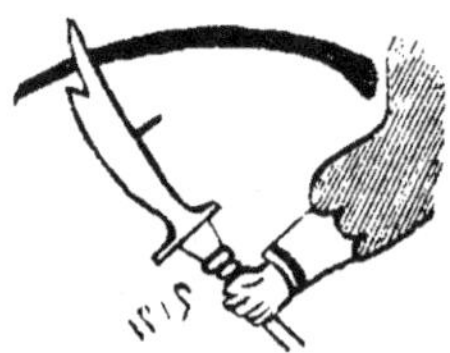

En couleur. **Faïence XVIe siècle.**

Marque d'une fabrique inconnue, sur un plat ayant fait partie de la collection Bernall.

Idem. **Idem.**

Monogramme d'un maître inconnu.

ITALO-SUISSE.

En couleur. **Faïence XVIe siècle.**

Sigle d'un artiste inconnu.

PAYS-BAS.

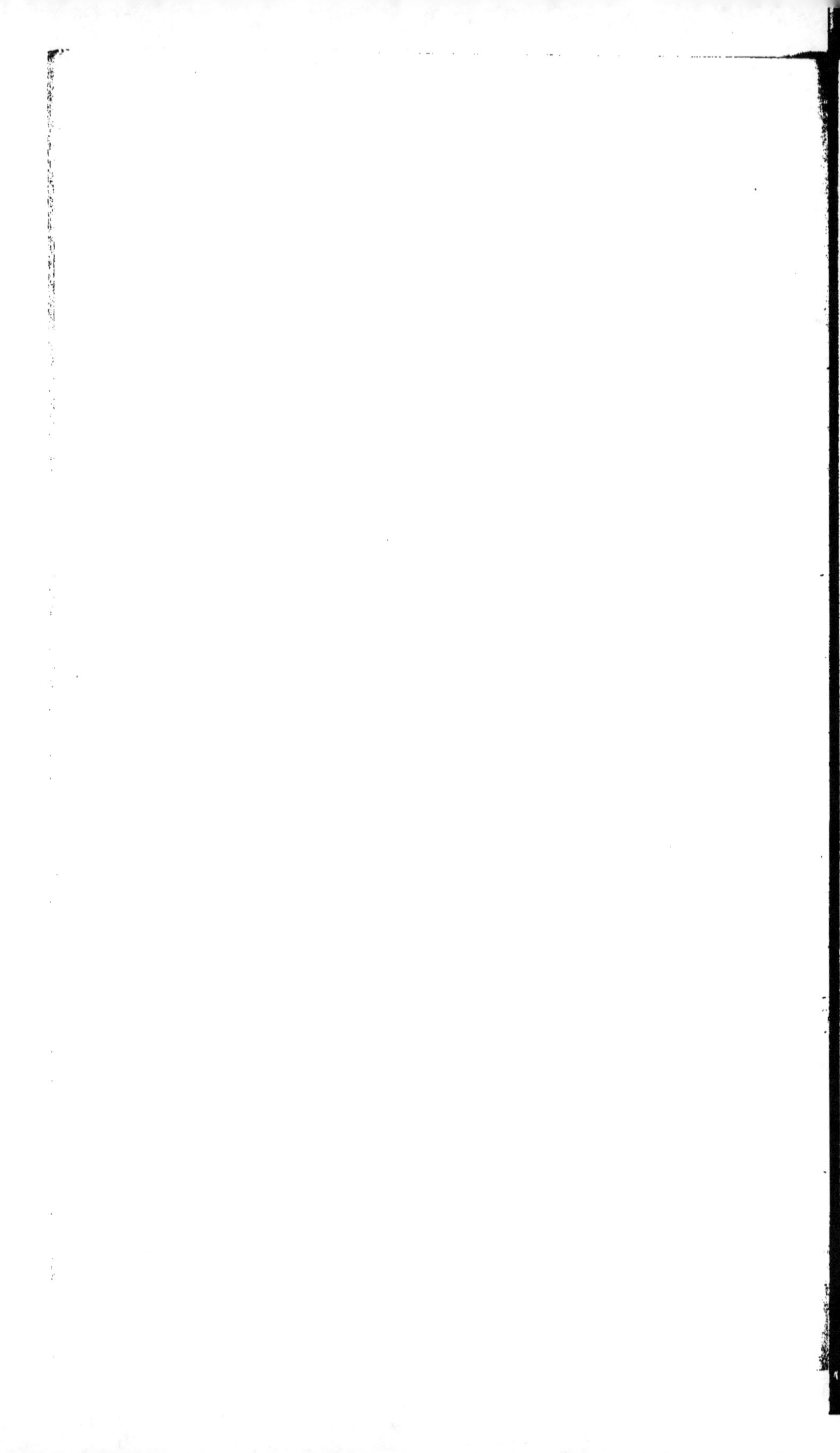

PAYS-BAS.

—

HOLLANDE et BELGIQUE.

Amsterdam.

Bleu sous vernis.   **Porcelaine pâte dure.**

A Marque donnée comme étant d'une fabrique d'Amsterdam, quoique les produits qui la portent aient tout le caractère allemand. Elle ressemble à l'une des marques d'Anspach (Bavière). (Voir *Allemagne*, p. 157.)

Idem.   **Idem.**

Amstel Fabrique établie par des ouvriers Saxons, sur les bords de l'Amstel, vers 1785.

Cette fabrique, qui s'est rendue célèbre par la beauté de ses produits, a cessé d'exister en 1790.

Idem.   **Idem.**

M o L Marque de la fabrique de Loosdrecht, d'Amsterdam, créée vers 1770 ou 1775

15

par le pasteur « de Moll. » Ces initiales peuvent s'interpréter ainsi : M [oll] o L [oosdrecht].

On trouve cette marque sur plats à décor bleu, avec des fleurs en guirlandes, d'une belle exécution. Sèvres en possède plusieurs spécimens.

Ce monogramme n'est accompagné d'une étoile que sur les pièces de qualité supérieure.

Bleu sous vernis.   **Porcelaine pâte dure.**

Cette marque, aux bâtons croisés cantonnés de trois points, est attribuée, par M. Auguste Demmin, sur le dire d'une personne du pays, à une fabrique de Weesp, près d'Amsterdam, créée par Van Gronsveld-Diepenbroek en 1760 et fermée en 1770. Mais comme l'origine de toutes les pièces que nous avons rencontrées portant cette marque nous a paru être plutôt saxonne que hollandaise, nous sommes portés à croire que M. Demmin s'est trompé et que Marryat, en la donnant à Arnstadt en Gotha, est dans le vrai. (Voir *Allemagne*, p. 158.)

Idem.   **Idem.**

Ce monogramme, de Joseph-Adam Hannong de Frankentall suivant M. Joseph, d'une fabrique inconnue selon Marryat, est attribué par certaines personnes à Amstel; nous croyons que c'est plutôt la marque de Wielsdorf, en Thuringe, retournée. (Voir *Allemagne*, p. 170.)

Andenne, près de Namur.

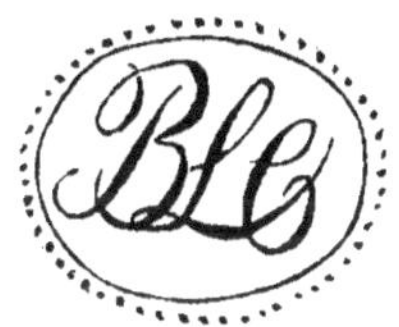

Imprimé en cachet.   **Faïence émaillée
XIXe siècle.**

Fabrique de Lammens et Cie,
fonctionnant encore aujourd'hui.

Bleu sous vernis, en cachet.   **Idem.**

Fabrique de A. Van der Waert.

Bruxelles.

*Bleu foncé sous vernis,
ou brun.*   **Porcelaine pâte dure.**

Sur un service de table, orné de fleurs bleues
rehaussées d'ornements en argent.

Delft.

Bleu sous vernis.   **Faïence XVIIe siècle.**

Monogramme composé des lettres
A K.

Sur plats et autres pièces de table.
— Décor camaïeu bleu. — Genre vieux japon.

Le chiffre qui accompagne ce monogramme varie
suivant le calibre ou le décor de la pièce.

Bleu sous vernis.   **Faïence XVIIe siècle.**

Monogramme composé des lettres A P K.

Sur plats et assiettes d'un bel émail, avec décor bleu d'une grande finesse. — Genre japonais.

Idem.   **Idem.**

Variétés du monogramme précédent. — Sur potiches, plats et assiettes, décor multicolore ou camaïeu bleu. — Genre japonais. — Arabesques, fleurs et oiseaux.

Idem.   **Idem.**

Sur compotiers en forme de fruits et sur plats à décor camaïeu bleu. — Genre chinois.

Idem.   **Idem.**

Monogramme de Jean Brouwer qui vivait dans la deuxième période du XVIIe siècle. On le trouve sur plats et assiettes finement décorées d'arabesques et d'oiseaux, camaïeu bleu pâle.

Idem.   **Idem.**

Sur service à thé et diverses pièces de table.

Bleu sous vernis. — **Faïence XVIIe et XVIIIe s.**

Sur potiches, assiettes et plats, à bords festonnés ; fleurs et bouquets. — Camaïeu bleu.

Cette marque que, sur de fausses conjectures, A. Brongniart a attribuée à la fabrication hollandaise, doit être rangée — suivant M. Riocreux — parmi les inconnues. Il est à présumer que les faïences sur lesquelles elle se rencontre sont d'origine allemande.

Rouge-brique.   **Idem.**

Sur potiches, cornets et pièces de table. Décoration polychrôme. — Genre vieux japon.

Bleu sous vernis. — **Idem.**

Monogrammes attribués à S[uter] V[an] E[ven], célèbre potier.

Sur potiches, flacons ou bouteilles ; — bel émail et dessins finement exécutés en bleu ou en bleu et brun violâtre. — Genre chinois.

Idem.   **Idem.**

Sur plats oblongs et octogones, camaïeu bleu. — Genre japonais.

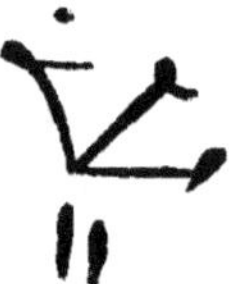

Violet sous vernis.   **Faïence XVIIe et XVIIIe s.**

Sur potiches, cornets et pièces de service de table. Décor camaïeu bleu ou polychrôme. — Genre japonais.

Bleu sous vernis.   **Idem.**

Sur grands plats d'une belle décoration en camaïeu bleu.

Idem.   **Faïence XVIIIe siècle.**

Cette marque, ainsi que celle qui suit, a été pendant longtemps attribuée aux fabriques de Rouen, puis à celles de Marseille. M. Riocreux lui a donné sa véritable place, en la classant parmi les marques de Delft.

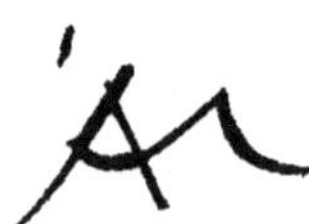

Rouge sous vernis.   **Idem.**

Variété de la marque précédente, sur plats et assiettes décorés de dessins dits crucifères, rouges, bleus et verts, cette dernière couleur dominant.

Bleu sous vernis.   **Idem.**

Sur plats creux décorés dessus et dessous. — Imitation de dessin japonais. — Bel émail.

Bleu sous vernis.   **Faïence XVIIIe siècle.**

KY/ Sur potiches de forme orientale, à côtes en relief. — Camaïeu bleu. — Genre persan.

KVK 1731 *Idem.*   **Idem.**

Sur plateau rectangulaire, camaïeu bleu.

180 *Idem.*   **Idem.**

Sur deux potiches de forme élégante, à couvercle surmonté d'un perroquet mangeant un fruit, rehaussées d'ornements en relief, et revêtues d'une décoration en camaïeu bleu se composant d'un médaillon et d'arabesques finement et artistement exécutées. L'un de ces médaillons contient le buste de Guillaume V, stathouder de Hollande, qui commença à régner en 1751, l'autre, le buste de sa femme. Au bas de chacun d'eux se trouve en hollandais une inscription qui peut se traduire ainsi : « Ceci représente Guil-
» laume et sa femme, dans la puissance desquels la
» patrie met sa confiance. »

Idem.   **Idem.**

Sur plats et assiettes, dessins genre chinois finement exécutés ; — camaïeu bleu.

Rouge sous vernis.   **Faïence XVIIIᵉ siècle.**

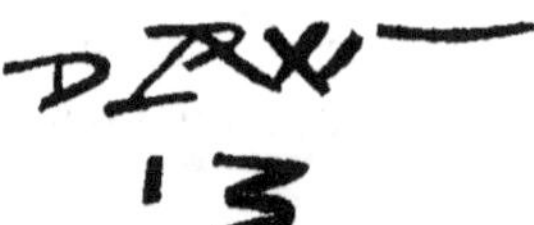

Monogramme composé des lettres D P A W.

Sur plats et assiettes, décor rouge et bleu, dessins crucifères.

Bleu sous vernis   **Idem.**

Sur plats oblongs et octogones, à décor camaïeu bleu.

Idem.   **Idem.**

Sur service de table; — camaïeu bleu. — Genre japonais.

Cette marque se trouve aussi sur plats et assiettes, à décor polychrôme, composé de corbeilles de fleurs et arabesques.

Idem.   **Idem.**

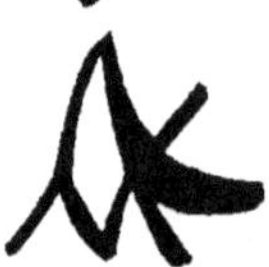

Monogramme A J K.

Sur plats et assiettes, à dessins artistement exécutés ; arabesques sur les bords ; oiseaux et fleurs dans le bassin.

Idem.   **Idem.**

Sur service à thé.

Les marques de faïences appartenant à la fabrication hollandaise sont excessivement nombreuses ; nous avons cru devoir nous borner aux plus intéressantes, pensant qu'il sera facile de reconnaître, d'après les exemples que nous avons donnés, une marque hollandaise, soit à sa forme, soit à ce caractère qui lui est particulièrement propre, d'être presque toujours accompagnée d'un ou plusieurs chiffres. (Voir nos *Recherches historiques*, page 46.)

La Haye.

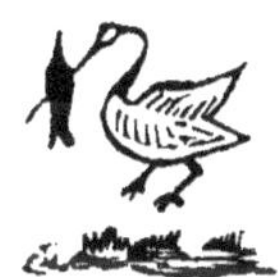

Bleu sous vernis.   **Porcelaine pâte tendre et pâte dure.**

Marque à la cigogne — armes de la ville.

Fabrique fondée en 1775 par l'allemand Linker, et ayant cessé de fonctionner en 1785.

Fleurs et oiseaux ; — style saxon.

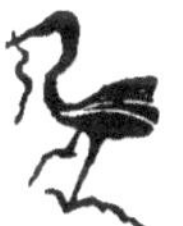

Idem.   **Idem.**

Variété de la précédente. — Sur saladier décoré d'oiseaux et de fleurs.

Tournay.

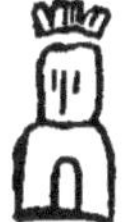

Bleu glacé.   **Porcelaine pâte tendre.**

Cette marque, dite « à la Tour, » est celle que Petrinck, fondateur de la fabrique de Tournay, adopta d'abord, et dont il fit usage pendant un temps assez court.

Les spécimens sur lesquels on la trouve sont excessivement rares. — Sèvres en possède deux.

Croyant voir dans cette marque une allusion au donjon de Vincennes, et reconnaissant beaucoup d'analogie entre les spécimens qui la portent et les produits de la manufacture de ce château, plusieurs auteurs l'ont attribuée à cette dernière, et ont supposé que le marquis Orry de Fulvy l'avait employée avant de se servir comme marque des deux L entrelacées. Cette opinion semblait d'autant plus fondée, que les Dubois avaient été établis par le marquis Duchâtel, gouverneur de Vincennes, dans « la tour du Diable, » faisant partie de cette résidence royale. Grâce à des renseignements acquis tout récemment, il n'y a plus de doutes sur l'attribution à donner à cette marque.

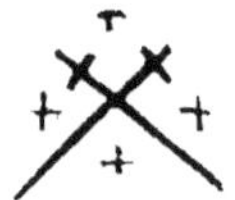 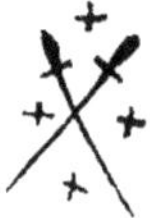

Bleu glacé.   **Porcel. pâte tendre.**

Petrinck marqua ensuite ses produits de deux épées en croix, ainsi qu'on le voit

ci-contre.

Fondée en 1750, la fabrique de Tournay fonctionne encore aujourd'hui sous la direction du petit-fils de Petrinck, et elle continue à faire la porcelaine tendre, d'après les procédés de Sèvres, qui lui ont été transmis dès l'origine par des ouvriers de cette manufacture.

Ses anciens produits sont généralement décorés de sujets d'après Watteau, Boucher, etc.

A la suite des traités de 1815, Tournay ayant été séparé de la France, les directeurs de la fabrique de cette ville, en vue d'échapper à la prohibition ou aux droits élevés qu'ils redoutaient pour leurs produits de la part du gouvernement français, résolurent d'établir une succursale à Saint-Amand-les-Eaux, près de Valenciennes. Cet établissement existe toujours, et, placé sous la direction de M. de Bettignies, il n'a pas cessé de fabriquer la porcelaine dite pâte tendre.

Les produits de Tournay sont aussi marqués des lettres To ou T^v.

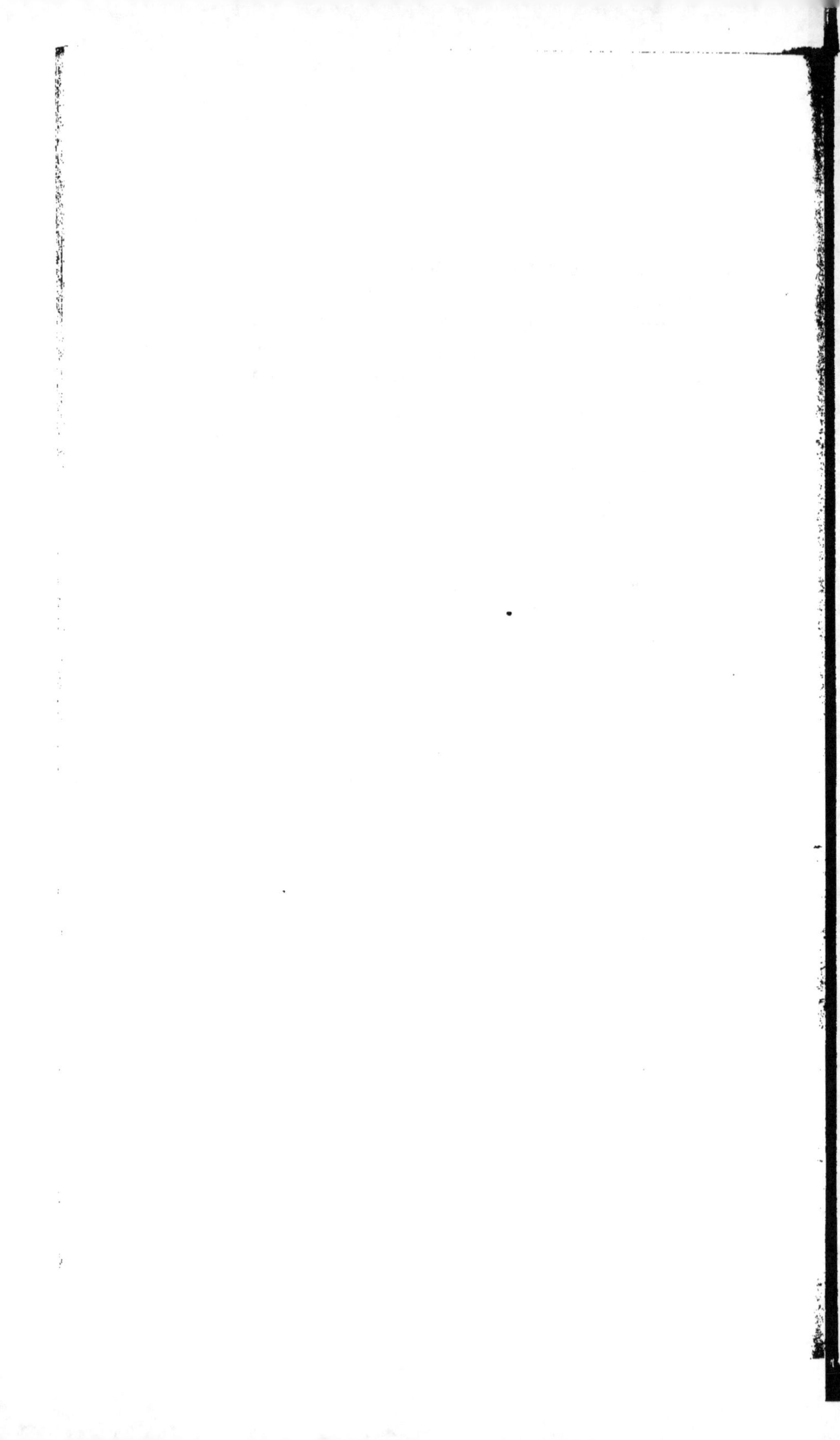

POLOGNE,

PORTUGAL, PRUSSE.

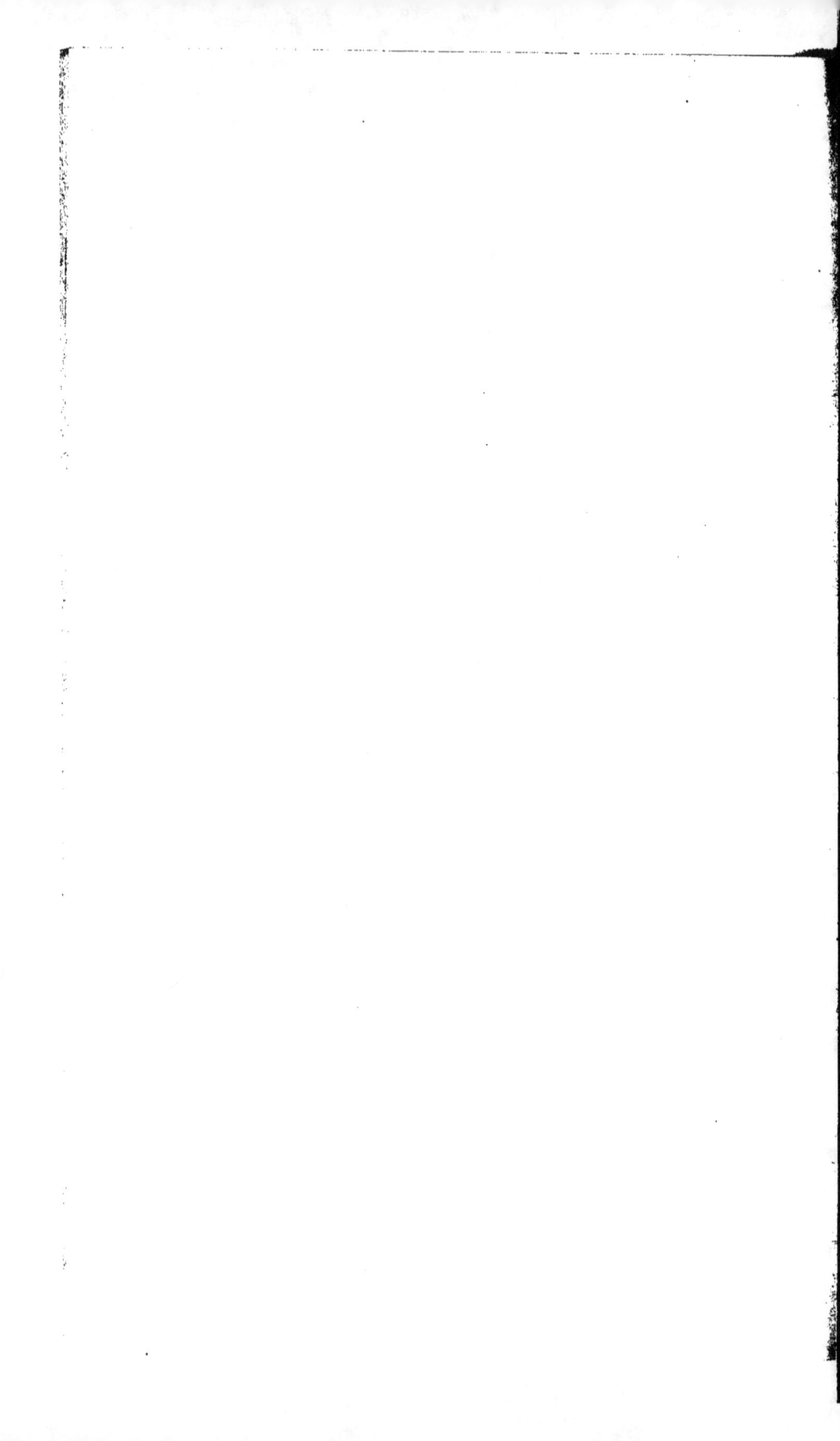

POLOGNE.

Korzec (Volhynie).

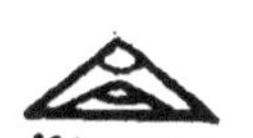

Rouge ou bleu sous vernis. — **Porcel. pâte dure,** Figurant une pyramide.

Vers 1803 ou 1804, Mérault, chimiste de la manufacture de Sèvres, quitta sa place pour aller diriger la fabrique de Korzec, emmenant avec lui son aide de laboratoire nommé Pétion. S'agissait-il d'un établissement naissant ou déjà créé d'ancienne date ? C'est ce que nous ne saurions dire. Toujours est-il que, après avoir géré cet établissement pendant deux ou trois ans, Mérault en abandonna la direction et rentra en France.

Pétion lui ayant succédé adressa, en 1809, à M. Brongniart — comme un échantillon de ses produits — la tasse portant la marque ci-dessus, conservée au musée de Sèvres.

La fabrique de Korzec, dont les produits sont fort peu répandus, fonctionnait encore en 1812.

PORTUGAL.

Lisbonne.

Rouge sous vernis. **Faïence émaillée.**

Donnée par Brongniart comme étant la marque d'une fabrique située dans l'un des faubourgs de Lisbonne.

Porto.

Rouge sous vernis. **Idem.**

Monogramme de M [iravia] P [orto]. Fabrique de Rocha Soares.

Sur certaines pièces, les lettres M P sont surmontées d'une couronne tandis que sur d'autres se trouve une épée au-dessous.

Vista Alegre, près de Porto.

Rouge sous vernis. **Porcelaine pâte dure.**

Fabrique des frères Ferreira Pinta-Basto, fondée en 1790, et fonctionnant encore en 1840.

La marque est en or sur les pièces de première qualité.

PRUSSE.

Berlin.

Bleu sous vernis.   **Porcelaine pâte dure.**

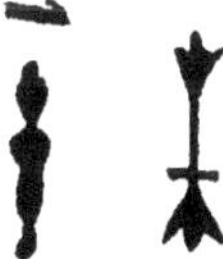

Monogramme de William Gaspar Wegeley, qui créa à Berlin la première fabrique de porcelaine en 1751 et la dirigea jusqu'en 1761. — Jean-Ernest Gottskowski, ayant succédé à Wegeley, continua de faire usage de cette marque.

Idem.   **Idem.**

Première marque de la manufacture royale fondée en 1758. — L'aigle est généralement joint à cette marque sur les porcelaines décorées. (Voir plus loin *Charlottenburg.*)

Idem.   **Idem.**

Modifications de la marque précédente.

Rouge sous vernis.   **Idem.**

En usage à partir de 1830.
Les lettres K P M signifient K [onigliche] P [orzellan] ou P [rusische] M [anufactur].

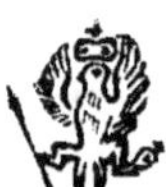

Bleu ou autres couleurs sous vernis.   **Porcelaine pâte dure.**

Autre marque de la même manufacture, ainsi que les quatre initiales l'indiquent. — Marryat dit avoir vu une marque semblable sur un service de *Saxe* qui aurait appartenu au comte de Brühl.

Charlottenburg, près de Berlin.

Bleu estampé.   **Porcelaine pâte dure.**

Fabrique de Pressel, fondée en 1790. — Cette marque se trouve également sur les pièces décorées de Berlin.

RUSSIE,

SUÈDE, SUISSE.

RUSSIE

Saint-Pétersbourg.

Bleu sous vernis.   **Porcelaine pâte dure.**

Manufacture impériale du temps de Nicolas Ier.

Une autre marque se compose de trois traits (III). — Une autre encore ressemble à un A et un P joints ensemble (ᚹ).

Idem.   **Idem.**

Sur groupes et figurines décorés, du même temps.

*Rouge, bleu, au pinceau
sur vernis.*   **Idem.**

Monogramme de Catherine II (Ekatherina II). — Un très-beau service, fait à Sèvres pour l'Impératrice, porte ce chiffre.

SUÈDE.

Stockholm.

Bleu sous vernis.   **Faïence XVIIIe siècle.**

Marque de la fabrique de Marie-Berg, près de Stockholm, rivale de Roerstrand, également voisine de cette ville. On la trouve sur les pièces d'un service, décorées dans le genre allemand, et sur lesquelles sont peintes les armoiries du baron de Breteuil. — La présence de ces armoiries porte à croire que ce diplomate fit faire ce service pendant son séjour à Stockholm, en qualité de représentant de la France près la cour de Suède, en 1768. — Cette marque a été attribuée par Brongniart à la Hollande, par suite de faux renseignements qu'il avait reçus.

SUISSE.

Nyon (canton de Vaud).

Bleu sous vernis.   **Porcelaine pâte dure.**

Cette marque fait allusion au lac de Genève, sur les bords duquel Nyon est situé.

La fabrique de Nyon aurait eu, suivant Henri G. Bohn, pour propriétaire ou directeur, L. Genesse et aurait cessé d'exister, suivant Marryat, de 1790 à 1800. Maubrée, artiste français, a contribué à sa renommée par la délicatesse de ses ornementations.

Idem.   **Idem.**

Modification de la marque précédente. — Sur pièces de service de table décorées de bleuets.

Zurich.

Bleu sous vernis.   **Porcelaine pâte dure.**

Fabrique créée par des ouvriers de Ringler, et dirigée, de 1763 à 1768, par Spengler et Hearacher, et, en 1775, par Trou.

Z *Bleu sous vernis.*   **Faïence XVIIIe siècle.**

Sur assiette ornée dans le bassin d'un riche décor polychrôme représentant une corbeille remplie de fleurs et de fruits.

Bleu sous vernis au pinceau.   **Faïence et porcel. dure.**

Cette marque, par nous attribuée sans grande certitude à Zurich, se voit sur des assiettes en faïence offrant le même caractère céramique et le même décor que d'autres assiettes portant la marque précédente.

On la trouve aussi, seule ou accompagnée de la marque ci-après, sur des théières, cafetières et autres pièces de service de table en porcelaine.

L·S· *Rouge sur vernis au pinceau.*   **Porcelaine dure.**

Sur un sucrier décoré de paysages.

ORIENTALES.

ORIENTALES.

—

CHINE ET JAPON.

La variété des marques des porcelaines chinoises et japonaises est trop grande pour que nous entreprenions de les reproduire toutes. Nous en offrirons seulement des exemples propres à en donner une idée, et à faire reconnaître à quelle époque remonte la fabrication d'une pièce.

Elles sont de deux espèces consistant : l'une, en caractères indiquant le lieu et l'époque de fabrication, la qualité de la matière employée, des noms d'hommes et d'établissements, ou exprimant des vœux ; et l'autre, en sujets peints représentant des animaux, des plantes, des symboles ou des emblèmes.

Les marques de la première espèce se composent de six caractères ou de quatre seulement.

Dans le premier cas, les caractères sont disposés par trois sur deux colonnes ou par deux sur trois colonnes, comme on le verra plus loin ; mais quelle que soit la disposition de ces caractères, ils doivent se lire de droite à gauche, verticalement, et en digrammes. Le premier fait connaître la dynastie, le second la période, et le troisième signifie « fait dans ». — En sorte que la marque exprime que la pièce a été faite pendant telle période de telle dynastie.

Dans le second cas, c'est-à-dire dans les marques composées de quatre signes seulement, l'indication dynastique fait défaut.

Cette indication est :

Pour la dynastie des Ming (1368-1687).

Pour celle des Taï-Thsing (1516 jusqu'à l'époque actuelle).

Bleu sous vernis. **Porcelaine.**

Période de Tching-Hoa, de la dynastie des Ming (1465-1487).

Sur une coupe lobée, bords dentelés. — Décor polychrôme, avec feuille de trèfle en bleu au centre.

Idem. **Idem.**

Période de Yong-Tching, de la dynastie des Taï-Thsing (1723-1735).

Sur un plat dans le bassin duquel figure le dragon céleste, dont chaque pied est armé de quatre griffes, ce qui indique que la pièce a été faite pour l'usage particulier de l'Empereur.

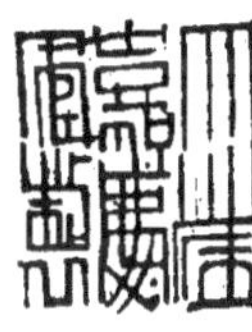

Bleu sous vernis. **Porcelaine.**

Marque se rapportant à la période de Tching-Hoa.

Sur un flacon décoré de lions jouant avec des boules ornées de fleurons et d'une chauve-souris de petite dimension près du col.

Rouge sur vernis. **Idem.**

Marque *dite* au cachet. — Sur une coupe décorée, comme la pièce précédente, à l'intérieur, de lions jouant avec des boules, et au revers de chauve-souris.

Nous ferons observer, à propos de la décoration des deux pièces qui précèdent, que deux lions jouant avec une boule seraient, suivant M. Stanislas Julien, l'indice de porcelaines de première qualité, fabriquées pendant la période de Yong-Lo (1403-1434).

Bleu sous vernis.

Marque votive. — Yu-ya-kin-koa (Splendide comme l'or de la maison de jade).

 *Yu*, signifiant jade ou pierre précieuse.

Sigle se rencontrant quelquefois seul sur les porcelaines de la plus belle qualité.

Rouge sous vernis. — **Porcelaine.**

Marque symbolique.

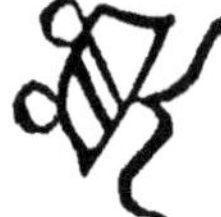

Bleu sous vernis.   **Idem.**

Marque emblématique.

Rouge sous vernis.   **Idem.**

Autre marque emblématique. — Manuscrit en rouleau.

Bleu sous vernis.   **Idem.**

Rouge sous vernis.   **Idem.**

Feuille de célosie.

A ces exemples, nous ajoutons les indications suivantes que nous extrayons du savant ouvrage publié, il y a quelques années, par M. Stanislas Julien, sous le titre de : *Histoire et Fabrication de la Porcelaine Chinoise* ; ouvrage que nous avons eu l'occasion de citer dans nos Recherches historiques.

Une acore, plante aquatique, dessinée en couleur sous le pied des bols Kiun, les signale comme d'une fort belle qualité.

Deux poissons peints à la même place, désignent les porcelaines de Longth-Siouen (969-1106).

Certaines porcelaines de Jou-Tcheou (969-1106) se reconnaissent à *une fleur de sésame* ou à *un petit clou* en saillie sous le vase.

Les vases de la période de Yong-Lo (1403-1434), sont marqués :

Ceux de première qualité, *de deux lions* faisant rouler une boule en jouant ;

Ceux de seconde qualité, *de deux canards mandarins*, qui représentent, chez les Chinois, le symbole de l'amour conjugal ;

Et ceux de troisième qualité, *d'une fleur* quelconque.

Des tasses de la période Siouen-Te (1426-1435), ont pour marque *un poisson rouge*, peint sur une anse, ou *une fleur* fort petite au centre du vase.

Un combat de grillons fait reconnaître les porcelaines sur lesquelles il est représenté comme appartenant à la même période Siouen-Te pendant laquelle les vases fabriqués pour l'usage de l'Empereur ont été marqués : soit d'un dragon, soit d'un phénix peint dans des proportions fort petites.

Parmi les marques indiquant la période 1465-1487, on peut citer :

Une poule avec ses poussins, une sauterelle, des raisins en émail, le fruit du Nelumbium-Speciosum, la fleur Pæonia-Moutan, au bas de laquelle on voit *une poule et ses poussins;* on trouve aussi cette dernière fleur peinte sur les porcelaines de Ting-Tcheou, fabriquées pendant la dynastie des Song, vers 960.

Une branche de l'arbre à thé, peinte en émail au centre d'une petite tasse blanche, signale une pièce de première qualité à l'usage de l'empereur Chin-Tsong (1522-1566).

Des feuilles de bambou, ou un bouquet de Lan (Epidendrum), servent de marque à des vases, décorés de fleurs bleues et fabriqués dans la fameuse rue du Midi, de King-te-Tching.

Enfin les mots « le religieux qui vit dans la retraite », tracés sous le pied des vases, forment le cachet distinctif du célèbre fabricant Hao-Chi-Khieou.

Les amateurs et collectionneurs pourront, tant sous le rapport des marques que sous beaucoup d'autres, consulter avec fruit, indépendamment de l'ouvrage de M. Stanislas Julien, l'*Histoire de la Porcelaine*, par MM. Albert Jacquemart et Edmond Le Blant, ouvrage qui abonde en renseignements précieux.

INDE ET PERSE.

Il existe une telle incertitude sur les marques des produits céramiques de ces pays, que nous n'osons même pas reproduire ici comme telles les deux ou trois que, jusqu'à ce jour, l'on a attribuées sans aucune authenticité aux poteries originaires de la Perse.

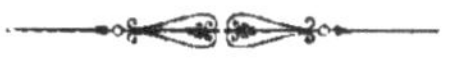

REMARQUES

SUR LES

PRINCIPAUX CARACTÈRES DISTINCTIFS

DE

QUELQUES POTERIES FRANÇAISES

ET DES

PORCELAINES ORIENTALES.

REMARQUES

SUR LES

Principaux caractères distinctifs de quelques Poteries françaises et des Porcelaines orientales.

Parmi les pièces céramiques ne portant pas de marques, il y en a dont il est facile, avec un peu d'habitude, de reconnaître immédiatement l'origine, rien que par leur comparaison avec d'autres analogues qui en sont revêtues, mais il en est aussi sur la provenance desquelles on ne peut, sans témérité, émettre une opinion quelque peu fondée, à moins de posséder une grande expérience due à de nombreuses études.

C'est surtout lorsqu'il s'agit de pièces ne différant entr'elles que par des nuances, si légères qu'un œil exercé peut seul les discerner — quoique sorties de fabriques différentes — que cette expérience est indispensable.

Les remarques que nous consignons ici n'y suppléeront pas sans doute, mais elles ne seront pas sans utilité pour les amateurs peu versés dans la connaissance de la céramique, qui pourront y trouver des notions élémentaires sur les similitudes et les différences existant entre certaines œuvres originales et leurs copies, ainsi que sur quelques-uns des caractères particuliers distinguant telle pièce de telle autre.

TERRES CUITES DE BERNARD PALISSY

ET IMITATION DE CES TERRES CUITES.

Les œuvres de Palissy ne portent aucune marque ; mais, pour les distinguer des œuvres de ses continuateurs et imitateurs, on n'en a pas besoin.

Elles se font en effet reconnaître, non-seulement à la netteté et à la fermeté des reliefs, à l'exquise délicatesse des détails, à la richesse des émaux et à leurs reflets métalliques, mais encore à un style qui leur est propre, et à des qualités particulières que nulle autre terre cuite émaillée ne possède.

Aussi ne peut-on les confondre avec celles de son école. Car, si quelques-unes de ces dernières présentent une ou plusieurs des qualités que nous venons d'énumérer, il n'en est aucune les réunissant toutes à la fois et au même degré.

Les pièces de Palissy sont d'une pâte dure, sonore et blanchâtre, se rapprochant des faïences fines ou de terre de pipe. Leurs dessous ou revers sont toujours émaillés, jamais d'un ton uni, mais comme jaspés ou marbrés de nuances de diverses couleurs, généralement bleues, jaunes et d'un brun violacé. Certains de ces revers portent des traces d'émaux de toute autre couleur que celles employées dans la décoration des pièces. Ce sont, assure-t-on, autant d'essais de nouveaux émaux, faits par l'artiste, pour juger de leur effet avant de s'en servir dans ses décorations.

Les imitations anciennes sont d'une pâte plus ou moins rougeâtre, revêtue d'émaux d'un ton foncé où le brun marron domine.

Beaucoup d'entr'elles, moulées sur des pièces déjà revêtues d'émail, ont leurs ornements en relief mous et mal accusés.

Quant aux imitations d'époque récente, quel que soit leur mérite artistique, la crudité de ton de leurs émaux ainsi que l'absence de cette patine inimitable, donnée aussi bien aux émaux qu'aux métaux par la succession des temps, les fait aisément reconnaître.

NEVERS et ROUEN.

Les nombreux emprunts que, de tous temps, les fabriques de Nevers et de Rouen se sont réciproquement faits, tant de leurs procédés de fabrication que de leur mode de décoration, ont amené une si grande similitude entre certains de leurs produits,

que l'on pourrait parfois les croire issus d'une
même fabrique, si plusieurs signes ou caractères,
se rencontrant dans les uns et non dans les autres,
n'en affirmaient l'origine. De ces signes ou caractères, nous allons indiquer quelques-uns des principaux.

La majolique nivernaise ne diffère pas sensible-
ment, dans la forme, de la majolique rouennaise;
— toutes deux ont le Marly plat et très-large, relativement au bassin, qui est tantôt concave, tantôt
plat comme le Marly — mais elle en diffère par la
décoration. La majolique nivernaise, tout en étant
plus variée de couleurs et d'un ton plus clair que
la majolique italienne, où le bistre et le jaune dominent, en a conservé le style, tandis que dans la
majolique rouennaise, ce style, s'étant modifié entre des mains françaises et hollandaises, ne se retrouve plus au même degré.

Les pièces nivernaises et rouennaises décorées de
rinceaux et d'arabesques semblent, à première vue,
parfaitement semblables. Mais si l'on rapproche deux
de ces pièces, l'une décorée à Rouen et l'autre à
Nevers, et qu'on les compare, on remarquera que
le dessin de l'une offre moins de légèreté que celui
de l'autre, ce qui provient de ce que dans la décoration nivernaise le dessin est plein dans toutes ses
parties, tandis que dans la décoration rouennaise
il existe de nombreux ménagés blancs qui donnent
au dessin quelque rapport avec la dentelle.

Dans les décorations de Nevers l'on voit des masques et des figures que l'on ne rencontre jamais dans celles de Rouen.

Le dessous ou le revers des vases, toujours décorés de dessins floriformes ou autres, de couleur rappelant l'une de celles employées dans la décoration de la pièce, quand ils sont d'origine nivernaise, ne le sont jamais quand ils sont d'origine rouennaise.

On trouve des poteries décorées de figures, dans lesquelles dominent les tons jaunes et bleus, que l'on confond quelquefois avec les produits de Nevers. Ces poteries proviennent de l'une des faïenceries des environs de Thouars, qui a fait des imitations assez médiocres des faïences de Nevers.

On a aussi confondu quelquefois des faïences de Sinceny (Aisne) avec les faïences rouennaises, bien qu'elles soient généralement d'un émail moins brillant et d'un travail moins achevé que ces dernières.

MARSEILLE, MOUSTIERS, MONTPELLIER

ET AUTRES FABRIQUES DU MIDI DE LA FRANCE.

Les belles faïences du midi se font remarquer par la blancheur et l'éclat de leur émail ainsi que par le genre de leur ornementation.

Les décors de ces faïences, faits au poncif plus souvent qu'à la main, se ressentent de leur origine italienne, surtout s'il s'y trouve représentés des personnages. — Les couleurs en sont brillantes et pures, faisant bien corps avec la couverte, qui les rend avec une grande netteté. Deux d'entre elles sont particulièrement propres au midi : un vert très-vif rappelant celui des faïences de Haguenau, et un jaune-orangé que l'on désigne sous le nom de jaune méridional.

Des pendentifs, des cariatides, des figures dans le genre de Callot et des fleurs — soit en bouquets soit en guirlandes — caractérisent le plus grand nombre des faïences de Moustiers, qui, à l'exception de celles décorées en camaïeu bleu pâle, ne peuvent être confondues avec celles d'autres pays.

Ces dernières, dont la provenance a été méconnue pendant longtemps, ont passé, jusqu'en 1855, pour des faïences de Rouen, tant elles ont d'analogie avec les plus belles de ce pays.

Nous ferons remarquer : que des pièces du midi ont sous le pied ou à l'extérieur, une ou plusieurs croix, dessinées au pinceau, en couleur — le plus souvent en noir. — Dans nos Recherches historiques (page 39), nous avons fait connaître l'origine de cette particularité ;

Et que les traces, plus ou moins apparentes, laissées ordinairement sur l'émail au revers des pièces par les pernettes qui ont servi de supports pendant la cuisson, sont recouvertes d'un émail blanc comme le fond de la pièce ou de couleur ordinairement vert clair.

HAGUENAU et NIEDERVILLER.

La décoration de la faïence de Haguenau se compose principalement d'imitations japonaises, ou de fleurs, en bouquets, en guirlandes ou isolées. Le contour de ces fleurs, assez simples dans la forme, est cerné d'un trait noir plus ou moins prononcé, souvent sec et dur comme s'il était tracé à la plume. Les couleurs, ordinairement brillantes et riches, par suite de l'emploi abondant du précipité de Cassius, sont posées par teintes plates, et peu ou point modelées. — Tout dénote un faire rapide, un peu rustique, destiné à produire beaucoup d'effet sans exiger un grand travail.

La faïence de Niederviller fut à l'origine tout-à-fait semblable à celle de Haguenau, aussi serait-il presque impossible de distinguer celle-ci de celle-là sans le secours de la marque.

Une si complète analogie s'explique par l'emploi que le baron de Beyerlé fit, lors de la création de son établissement, d'ouvriers qu'il retira de la fabrique de Haguenau.

Les Hannong ont eu le plus grand soin de marquer tous leurs produits, — même ceux qu'ils laissaient en blanc. — Cette circonstance permet, ce nous semble, de conjecturer que tous les produits non marqués, attribués généralement, à cause du genre de leur décoration, à la fabrique de Haguenau, sont originaires de Niederviller.

Nous devons faire observer que l'appréciation par nous ci-dessus faite des faïences de Haguenau ne doit pas être considérée comme absolue, car il existe des pièces signées de J. Hannong dont le décor comporte beaucoup plus de finesse et d'élégance que la généralité des produits de Haguenau, et ne présentent pas les particularités que nous avons signalées plus haut.

CHINE et JAPON.

L'extrême difficulté que l'on éprouve à distinguer les porcelaines japonaises des chinoises ne cesse que lorsque ces pièces possèdent certains caractères dont nous allons citer les plus saillants.

Le craquelé et le truité, les émaux et ornements en reliefs sous couverte, le céladon et autres fonds de couleur, sont communs à l'une et l'autre espèce de porcelaine.

Mais si, dans la décoration d'une pièce, on a représenté des personnages, il est facile d'en déterminer la provenance d'après le type et le costume; car jamais l'image d'un chinois ne se trouve sur une pièce japonaise, de même que l'image d'un japonais sur une pièce chinoise.

Si la décoration, au lieu d'être placée régulièrement au centre d'un plat ou d'une assiette, l'est sur un des côtés de manière à ce que le sujet représenté se trouve interrompu sur les bords de la pièce, on peut la considérer comme de provenance japonaise, cette bizarrerie dans le décor étant particulièrement propre au Japon. Sur certaines pièces de ce pays la décoration fait l'effet d'une portion de tableau ou de draperie jetée sur le côté.

On peut aussi considérer comme japonaises les porcelaines dont la pâte, bien translucide, est d'un beau blanc et dont la décoration, où le bleu et le rouge dominent, ne présente aucun relief et semble faire corps avec la couverte; surtout si les bords de ces porcelaines sont bruns. — Ce dernier caractère est regardé par les Hollandais comme un indice certain de l'origine japonaise.

Les imitations de porcelaines orientales sont ordinairement faciles à reconnaître. Cependant il en est qui, à première vue, peuvent faire illusion. — La manufacture de Meissen est parvenue dans ce genre d'imitation à un haut degré de perfection; mais une ressemblance plus parfaite encore a été obtenue à Paris, notamment dans la manufacture de MM. Talmour et Discry.

Pour arriver à cette ressemblance, ce n'est pas dans l'imitation du ton de la pâte et de la couverte que gît la plus grande difficulté, c'est dans la simulation du grain du biscuit, toujours apparent sous le pied des pièces. Tout vase chinois ou japonais a le pied dépourvu de couverte; les potiers chinois et japonais étant dans l'usage de remettre sur le tour leurs porcelaines pour en retoucher le pied après la mise en couverte, ce qui ne se peut faire que chez eux, parce qu'ils ne font pas subir, comme cela a lieu en Europe, un premier feu à leurs pièces avant de les revêtir d'émail.

Les Hollandais, pour parer à la difficulté que l'imitation des bords bruns ainsi que celle du grain de biscuit présente, ont fait venir du Japon ou de la Chine des pièces blanches sur lesquelles ils sont parvenus à imiter les ornements et peintures orientaux avec tant d'art qu'il est permis de s'y tromper.

PORCELAINE PATE TENDRE.

Nous avons dit dans nos Recherches historiques (page 79) que l'on distingue l'ancienne porcelaine tendre à sa grande translucidité, à son blanc, d'un ton laiteux doux à l'œil, et à son vernis, qui a la propriété de recevoir presque toutes les couleurs, qu'il rend avec beaucoup d'éclat et de pureté, et qu'il s'incorpore pour ainsi dire; propriété que n'a pas celui de la porcelaine dure. Nous ajouterons ici qu'on la reconnaît encore au ton mat de son épaisse dorure présentant beaucoup de relief. Ces divers caractères se rencontrent dans toutes les anciennes porcelaines de pâte tendre, mais principalement dans celles de Saint-Cloud, Vincennes et Sèvres.

Les fonds caractéristiques du Vieux-Sèvres sont :
un beau bleu léger dit bleu Turquoise ; un gros bleu
dit bleu de Roi ; un vert produit du cuivre, et un
rouge auquel le nom de « Rose Dubarry » a été
donné à cause de la prédilection marquée que cette
maîtresse de Louis XV avait pour cette couleur.

Bien des pièces de porcelaine tendre ont, par suite
d'un long usage, leur vernis rayé ou usé dans certaines parties. On peut remédier à cet inconvénient
en faisant repasser de nouveau ces pièces au four,
d'où elles sortent aussi fraîches que si elles n'avaient
jamais servi.

Si ce moyen de remettre ainsi à neuf le vernis
d'une pièce de pâte tendre a son bon côté, il a
aussi son inconvénient, car il facilite un genre de
fraude dont les produits de Sèvres sont particulièrement l'objet, et contre lequel les amateurs ne sau-
raient trop se tenir en garde.

Voici en quoi il consiste : ceux qui se livrent à cette
pratique se procurent des pièces qui, étant entièrement blanches, ne sont pas d'un prix élevé ; ils les
font décorer et orner dans le style du XVIIIe siècle,
par des artistes plus ou moins habiles, et les vendent.
à des prix très-élevés, à de trop confiants amateurs,
comme étant des pièces de pâte tendre avec décors
et ornements de l'époque faits à Sèvres. Avec un peu
d'attention et d'expérience on reconnaît certaines
de ces contrefaçons aux anachronismes qui existent
fréquemment sur les pièces entre la date de la fabrication indiquée par la marque et le genre du décor.

On peut être d'autant plus aisément dupe de cette supercherie, qu'il n'y avait pas jadis sur les produits décorés de la manufacture de Sèvres, comme maintenant, outre la marque de fabrication dite du blanc, une autre marque portant les mots « Décoré à Sèvres. »

Cette mesure prise par la manufacture de Sèvres depuis quelques années ne permet pas de pratiquer sur les pièces de récente fabrication une contrefaçon de décoration.

Quant aux pièces décorées portant la marque de Sèvres effacée par un coup de meule, il est évident que la décoration n'en peut être vraie, puisque ce coup de meule indique une pièce de rebut, et qu'aucune pièce de rebut n'est jamais décorée à Sèvres.

FIN.

TABLE GÉNÉRALE

DES

MATIÈRES.

———

Dédicace V
Introduction VII
Recherches historiques 1
   —   Terres cuites, Majoliques et Faïences. 3
   —   Grès cérames 53
   —   Porcelaines 63
Procédés de fabrication de porcelaine 109
Marques, Sigles et Monogrammes 113
   —   France 117
   —   —   Paris et ses environs. 119
   —   —   Province . . , . . . 133
   —   Pays étrangers 153
   —   —   Allemagne. . 155
   —   —   Angleterre. . 173

Marques, Sigles et Monogrammes :

Pays étrangers : Autriche . . 185
—   —   Bohème . . 186
—   —   Danemark. . 188
—   —   Espagne . . 189
—   —   Italie . . . 191
—   —   Pays-Bas . . 215
—   —   Pologne. . . 231
—   —   Portugal . . 232
—   —   Prusse . . . 233
—   —   Russie . . . 237
—   —   Suède . . . 238
—   —   Suisse . . . 239
—   Orientales 241
—   —   Chine et Japon. . 243
—   —   Inde et Perse . . 249

Remarques sur les principaux caractères distinctifs
de quelques poteries 251

FIN DE LA TABLE GÉNÉRALE.

TABLE ALPHABÉTIQUE

DES

MATIÈRES.

ADVENIR-LAMARRE, fabricant de porcelaine à Paris, 87, 122.
Albrechtsburg, manufacture royale de porcelaine, 93.
ALLUAUD, fabricant de porcelaine de Limoges, 90.
Altenrolhau, fabrique de faïence, 186.
Alt-Haldensleben, fabrique de porcelaine pâte dure, 157.
Amstel, fabrique de porcelaine, 158, 170, 217.
Amsterdam, fabrique de porcelaine pâte dure, 217.
Andenne, fabrique de faïence émaillée, 219.
ANDREOLI (Giorgio), 5, 200.
Anspach, fabrique de porcelaine, 100, 157, 217.
ANSTATT, céramiste de Niederviller, 30.
Aprey, fabrique de faïence, 135.
ARNAUX et FOUQUE, fondateurs de la fabr. de Toulouse, 150.
Arnstadt, fabrique de porcelaine pâte dure, 158, 218.
Arras, fabrique de porcelaine, 75, 136.
ARTOIS (Comte d'), fabrique de porcelaine pâte dure, 123.
ASTBURY, potier anglais, 102.

Avignon, fabrique de faïence vernissée, 39.

Avisseau (Charles et Édouard), fabricants de terres cuites, genre Palissy, 14.

Baden-Baden, fabrique de porcelaine pâte dure, 158.

Baireuth, fabrique de faïence, 158.

Barbizet, fabricant de terres cuites, genre Palissy, 14.

Bartolo (Frantz), propriétaire de la fabrique de Frankentall, 98, 161.

Bassano, fabrique de faïence, 193.

Bayeux, fabrique de porcelaine, 105.

Beauvais, fabriques de faïence et de grès, 21, 56, 137.

Belleville, fabrique de porcelaine, 124.

Bengraff, directeur de la fabrique de Furstemberg, 99, 162, 163.

Berlin, fabrique de porcelaine, 157, 233.

Bernard (Jean), fabricant des faïences dites de Henri II, xi.

Besançon, fabrique de faïence, 137.

Bettignies (De), directeur de la fabrique de Saint-Amand-les-Eaux, 227.

Bevington, directeur de la fabrique de Swansea, 180.

Beyerlé (Baron de), fondateur de la fabrique de Niederviller, 29, 143.

Blois, fabrique de faïence, x.

Boch, directeur de la fabrique de Luxembourg, 165.

Boettcher (Jean-Frédéric), inventeur de la porcelaine allemande, 91, 166.

Boileau, directeur de la manufacture de Vincennes, 77.

Bordeaux, fabrique de porcelaine, 138.

Bourg-la-Reine, reproduction d'anciennes faïences, 49; — fabrique de porcelaine pâte tendre, 125.

Bow, fabrique de porcelaine, 101, 175, 177.

Brichard (Éloi), directeur de la manufacture de Sèvres, 127.

Bristol, fabrique de porcelaine pâte dure, 175.

Brouwer (Jean), céramiste hollandais, 220.

Bruxelles, fabrique de porcelaine pâte dure, 219.

Buen-Retiro, fabrique de porcelaine pâte tendre, 107, 189, 205.

Buildwas, manufacture de porcelaine, 176.

Burslem, fabrique de porcelaine, 104.

Caffagiolo, fabrique de faïence, 197.

CAMBIASI (Lucas), 206.

Canton (Chine), ateliers de décoration de porcelaine, 68.

Capo-di-Monte, fabrique de porcelaine pâte tendre, 107, 190, 204.

Casamène, fabrique de faïence, 137.

Castel-Durante, fabrique de majolique, 5, 209.

Castelli, fabrique de faïence, 5, 194, 203.

Caughley, fabrique de porcelaine pâte tendre, 176.

CENCIO, voir VINCENTIO.

CHABROL, fabricant de porcelaine de Limoges, 90.

CHAMBRETTE, fondateur de la fabrique de Lunéville, 34.

CHAMPION, directeur de la fabrique de Bristol, 176.

Chantilly, fabrique de porcelaine, 74, 88, 136, 138.

Chapelle-aux-Pots (La), fabrique de poteries, 22.

Charlottenburg, fabrique de porcelaine pâte dure, 234.

CHARPENTIER (François), fabricant des faïences dites de Henri II, XI.

Chelsea, fabrique de porcelaine, 101, 127, 168, 177.

CHICANEAU, fondateur de la fabrique de Saint-Cloud, 74, 126.

Chine (Porcelaine de), 63, 68, 243, 260.

CIQUAIRE-CIROU, directeur de la manufacture de Chantilly, 74.

CLERC et TAUPIN, fabricants de grès à Pont-d'Allonne, 60.

CLERICY (Antoine), imitateur de Palissy, 13.

Clignancourt, fabrique de porcelaine pâte dure, 125, 146.

Coblentz, fabrique de grès, 54.

Cologne, fabrique de faïence, 127, 159, 168.

COOKWORTHY, inventeur du kaolin de Cornouailles, 103, 179, 180.

Copenhague, fabrique de porcelaine pâte dure, 188.

Courtille (La), fabrique de porcelaine pâte dure, 87, 123.

Cranach (Lucas), 206.

Cremer (L.), directeur de la fabrique de Cologne, 159.

Custine (Général comte de), propriétaire de la fabrique de Niederviller, 30, 144.

Custode, potier de Nevers, 17.

Cyfflé (Paul-Louis), artiste de Lunéville, 30, 36.

Dahl, fabricant de porcelaine allemande, 98, 164.

Darnet, inventeur du kaolin à Saint-Yrieix, 78.

Davenport, directeur de la fabrique de Longport, 179.

Delahubaudière, fondateur de la fabrique de Quimper, 146.

Delft, fabrique de faïence, 44, 219.

Derby, manufacture royale de porcelaine, 101, 175, 177.

Deruelle, fabricant de porcelaine pâte dure à Paris, 88, 125.

Deruta, fabrique de faïence, 194, 210.

Deutsch (Joseph), artiste de Niederviller, 31.

Dihl et Guérard, fabricants de porcelaine à Paris, 88, 124.

Doccia, reproduction d'anciennes faïences, 49; — fabrique de porcelaine pâte tendre et pâte dure, 198.

Dryander, directeur de la fabrique de Niederviller, 31.

Dubois (Les frères), artistes français, 74.

Elbogen, fabrique de porcelaine pâte dure, 186.

Elers (Les frères), potiers de Nuremberg, 44, 56, 102, 177.

Etiolles, fabrique de porcelaine pâte tendre, 88, 138.

Etruria, manufacture de porcelaine, 104.

Even (Suter van), potier de Delft, 221.

Faënza, fabrique de majolique, 5, 195, 210.

Faïences émaillées, 3; — de Henri II, x, 15; — françaises, 16; — perses de Nevers, 17; — de Rouen, 18; — à la Corne, 21; — de Claude Révérend, 41; — allemandes, 43; — hollandaises, 45; — de Montereau, Toulouse et Sarreguemines, 48; — de la République, 48.

Favot, artiste de Lunéville, 36.

Ferreira Pinta-Basto, fondateur de la fabrique de Vista-Alegre, 232.

Ficher et Reichenbach, directeurs de la fabrique du Hammer, 186.

Flight, directeur de la fabrique de Worcester, 103, 181.

Florence, fabrique de majolique, 5, 195, 197.

Fontainebleau, fabrique de porcelaine pâte dure, 139.

Fontana (Famille), célèbres céramistes italiens, 5, 201, 206.

Fonteny, continuateur de Palissy, 13.

Fouque, créateur de la fabrique de Toulouse, 150.

Frain, fabrique de faïence, 187.

Franca (Battista), peintre vénitien, 5, 208.

Frankentall, fabrique de porcelaine pâte dure, 95, 98, 140, 159, 168, 218.

Fuina, artiste céramiste des Abruzzes, 5.

Fulda, fabrique de porcelaine pâte dure, 161.

Furstemberg-sur-le-Wéser, fabrique de porcelaine, 99, 162.

Gatti (Lucio et Teseo), céramistes de Castel-Durante, 209.

Gelz, fondateur de la fabrique de Hoëchst-sur-le-Mein, 95, 163.

Gênes, fabrique de faïence, 199.

Genesse (L.), directeur de la fabrique de Nyon, 239.

Gentile, artiste céramiste, 5.

Géra, fabrique de porcelaine, 100.

Gérault (Louis), directeur de la fabr. d'Orléans, 75, 145.

Gileo, céramiste d'Urbino, 208.

Ginori (Marquis de), fondateur de la fabrique de Doccia, 198.

Gioanetti, fondateur de la fabrique de Vineuf, 213.

Giorgio (Maëstro), 5, 200.

Girard (Louis), propriétaire de la fabrique d'Aprey, 135.

Girolamo Salomone, célèbre artiste en majolique, 199.

Giustiniani (Les frères), céramistes italiens, 5, 203.

Glot, directeur de la manufacture de Sceaux, 41, 127.

Gotha, fabrique de porcelaine pâte dure, 162.

Gottskowski, directeur de la fabrique de Berlin, 233.

Green (Charles), directeur de la fabrique de Leeds, 178.

GREINER, fondateur de la fabrique de Grosbreitenbach, 163, 164.

Greinstadt, fabrique de porcelaine, 98, 161.

Grès cérames, 53; — flamands, 54; — allemands, 55; — anglais, 56; — français, 56.

GRONSVELD-DIEPENBROEK (Van), fondateur de la fabrique de Weesp, 218.

Grosbreitenbach, fabrique de porcelaine pâte dure, 163.

GRUE (Famille), célèbres artistes en majolique, 5, 8.

Gubbio, fabrique de majolique, 5, 193, 200.

GUILBAUT, artiste potier de Rouen, 148.

Haguenau, fabrique de faïence et de porcelaine, 32, 89, 139, 259.

HAIDINGER, directeur de la fabrique d'Elbogen, 186.

HALL, inventeur d'une sorte de terre de pipe, 48.

Hammer (Le), fabrique de porcelaine pâte dure, 186.

HANNONG (Famille), célèbres fabricants de faïence et de porcelaine, 32, 33, 77, 87, 122, 139, 159, 218.

Haye (La), fabrique de porcelaine pâte tendre et pâte dure, 225.

HIRSCHVOGEL, potier allemand, 43.

Hoechst-sur-le-Mein, fabrique de porcelaine pâte dure, 97, 163; — fabrique de faïence, 95.

HOEROLDT, directeur de la fabrique de Meissen, 167.

Imari, fabrique de porcelaine, 71.

Italienne (L'), fabrique de faïence émaillée, 28.

Japon (Porcelaine du), 71, 243, 260.

JOHNSTON (D.), propriétaire de la fabr. de Bordeaux, 138.

JOYE et DUMONTIER, fondateurs de la fabrique de Pont-d'Allonne, 59.

KANDLER, artiste allemand, 96.

Kaolin, sa découverte, en France, à Saint-Yrieix, 78; — en Allemagne, aux environs d'Aue, 92; — en Angleterre, dans les Cornouailles, 103.

KAUFFMANN (Angélique), artiste allemand, 97.

Keller et Cuny, propriétaires de la fabrique de faïence de Lunéville, 34.

Ker et Binns, propriétaires de la manufacture de Worcester, 103.

King-te-Tching, manufacture impériale de porcelaine, 66.

Kio, fabrique de porcelaine, 72.

Kiou-Siou, manufacture de porcelaine, 72.

Korzec, fabrique de porcelaine pâte dure, 231.

Kronenburg. Voir *Ludwigsburg*.

Lafléchère-Paillard (de), fondateur de la fabrique de Casamène, 137.

Lafreria (Antonio), peintre en majolique de Deruta, 194.

Lahens, fondateur de la fabrique de Bordeaux, 138.

Lallemand, fondateur de la fabrique d'Aprey, 135.

Lambeth, fabrique de grès, 56.

Lammens, fabricant de faïence à Andenne, 219.

Lanfranco (Geronimo di), céramiste de Pesaro, 211.

Lanfray, directeur de la fabrique de Niederviller, 30, 145.

Lang (baron Von), directeur de la fabrique de Furstemberg, 99, 162.

Langeais, imitateur de Palissy, 14.

Laugier, potier de Moustiers, 38, 142.

Lebarquet, fabricant de faïence à Blois, x.

Lebœuf, fabricant de porcelaine pâte dure à Paris, 88, 124.

Leeds, fabrique de faïence, 178.

Lemire, artiste de Lunéville et de Niederviller, 30, 36.

Lenove, fabrique de porcelaine, 193.

Lepène-Duroo, fondateur de la fabrique de Lille, 140.

Lhéraule, fabrique de terres cuites, 27.

Lille, fabrique de porcelaine pâte dure, 140.

Limbach, fabrique de porcelaine pâte dure, 163, 164.

Limoges, fabrique de porcelaine pâte dure, 89. — Imitations en porcelaine de la faïence de Palissy, 14.

Linker, fondateur de la fabrique de la Haye, 225.

Lisbonne, fabrique de faïence émaillée, 232.

Lisieux, fabrique de faïence, 140.

Littler, potier anglais, 104.

Locré, fabricant de porcelaine pâte dure à Paris, 87, 122.

Longport, fabrique de porcelaine opaque, 179.

Loosdrecht, fabrique de porcelaine, 217.

Lowenfink, potier allemand, 163.

Loyal (Charles), propriétaire de la fabrique de Lunéville, 34.

Ludwigsburg, fabrique de porcelaine pâte dure, 99, 165.

Lunéville, fabrique de faïence, 16, 34, 140; — terre de pipe ou demi-porcelaine, 35; — terre de Lorraine, 37.

Luxembourg, fabrique de faïence, 165.

Majoliques, 3; — italiennes, 5; — dites amatorie, 7; — de Nevers, 17, 256; — de Rouen, 17, 256.

Malte, fabrique de grès, 182.

Mansard, directeur de la fabrique de Voisinlieu, 58.

Marbe, fabrique de faïence émaillée, 140.

Marcolini, artiste allemand, 167.

Marie-Berg, fabrique de faïence, 238.

Marinoni, fondateur de la fabrique de Bassano, 193.

Marseille, fabrique de faïence émaillée, 38, 141, 222, 257.

Masse, potier de Beauvais, 15, 137.

Maubrée, artiste de Nyon, 239.

Meissen, manufacture de porcelaine pâte dure, 95, 123, 166, 261.

Melchior, potier allemand, 97, 164.

Mennecy-Villeroy, fabrique de porcelaine pâte tendre, 75, 89, 142.

Marques non classées, 151, 171, 214.

Mérault, directeur de la fabrique de Korzec, 231.

Merlino (Guido), habile céramiste, 208.

Mettlach, fabrique de faïence émaillée, 168.

Miako, fabrique de porcelaine, 72.

Michel, fondateur de la fabrique de l'Italienne, 28.

Mittenhoff et Mourot, fondateurs de la fabrique de Val-sous-Meudon, 130.

MOLL, fondateur de la fabrique de Loosdrecht, 218.

Montelupo, fabrique de majolique, 5.

Montereau, fabrique de terre de pipe, 48.

Montpellier, fabrique de faïence, 257.

MORELLE, fabricant de porcelaine pâte dure à Paris, 87, 123.

MOUNIER, directeur de la fabrique d'Etiolles, 88, 138.

Moustiers, fabrique de faïence, 38, 142, 150, 257.

Nanking, ateliers de décoration de porcelaine, 68.

Nantgarrow, fabrique de porcelaine, 179.

Naples, fabriques de majolique et de porcelaine pâte tendre, 5, 202, 205.

NATUSIUS, directeur de la fabrique d'Alt-Haldensleben, 157.

Nevers, fabrique de faïence, 16, 142, 255 ; — reproduction d'anciennes faïences, 49.

NICOLO, céramiste d'Urbino, 207.

Niederviller, fabrique de faïence et de porcelaine, 29, 89, 143 ; 259.

Nîmes, fabrique de faïence, 145.

NOWOTNY (A.), directeur de la fabrique d'Altenrolhau, 186.

Nuremberg, fabrique de terres cuites, 14, 43.

Nymphenbourg, fabr. de porcel. pâte dure, 95, 98, 99, 168.

Nyon, fabrique de porcelaine pâte dure, 239.

Oiron, fabrique des faïences dites de Henri II, x.

OLÉRYS, potier de Moustiers, 38, 142.

Orléans, fabrique de porcelaine, 75, 145.

ORRY DE FULVY, fondateur de la manufacture de Vincennes, 74, 81.

PALISSY (Bernard), 8, 121, 254 ; — (Nicolas et Mathurin) 9.

PALSSO (Picco), céramiste de Castel-Durante, 209.

Paris, fabrique de terres cuites, genre Palissy, 14, 121 ; — reproduction d'anciennes faïences, 49 ; — manufactures de porcelaine pâte tendre et pâte dure, 75, 87, 122.

PASQUIER, fondateur de la manufacture de Vienne, 94.

PATANAZZO (Alphonso), célèbre céramiste, 207.

Pérouse, fabrique de majolique, 5, 202.

Pesaro, fabrique de majolique, 5, 196, 211.

PÉTION, directeur de la fabrique de Korzec, 231.

PETIT (Jacob), fondateur de la fabrique de Belleville, 124, 139.

PETRINCK, fondateur de la fabrique de Tournay, 225.

PICHI (Giorgio), céramiste de Castel-Durante, 209.

PLANTIER et BONCOIRANT, directeurs de la fab. de Nîmes, 145.

Plymouth, fabrique de porcelaine pâte dure, 179.

POIREL DE GRANDVAL, potier rouennais, 21.

Pont-d'Allonne, fabrique de grès, 59.

Pont-aux-Choux (rue du), fabr. de porcelaine pâte dure, 122.

Poppelsdorf, fabrique de faïence, 127, 168, 169.

Porcelaine chinoise, 63; — japonaise, 71; — persanne, 249; — indienne, 249; — française, 1re période, 73; — 2me période, 76; — florentine, 74; — allemande, 91; — anglaise, 101; — espagnole, 107; — italienne, 107; — pâte dure, 76; — pâte tendre, 78, 262; — opaque, 48.

Porto, fabrique de faïence émaillée, 232.

POTRAT (Louis), fondateur de la fabrique de porcelaine de Rouen, 21, 74, 149.

POTTIER (André), potier de Rouen, 21, 147.

POUYAT, fabricant de porcelaine de Limoges, 90.

PRESSEL, fondateur de la fabrique de Charlottenburg, 234.

PRESTINO, céramiste d'Urbino, 208.

PULL, fabricant de terres cuites, 14.

Quimper, fabrique de grès, 146.

RADDELEY, potier anglais, 104.

RATEAU, fondateur de la fabrique de Bordeaux, 138.

Rauenstein, fabrique de porcelaine pâte dure, 169.

REGNAULT, directeur de la fabrique de Lille, 140.

REMON (Von), propriétaire de la fabrique de Frankentall, 98, 161.

RÉVÉREND (Claude), célèbre fabricant de faïence, 41, 121.

RIES, potier allemand, 97, 164.

RINGLER, ouvrier de la manufacture de Meissen, 95, 99, 159, 161, 163, 165, 168.

Robert (Joseph-Gaspard), potier de Marseille, 39, 141.

Robbia (Luca della), célèbre céramiste italien, 3.

Roerstrand, fabrique de faïence, 238.

Roger, directeur de la fabrique de Lille, 140.

Rose et Coulbrookdale, directeurs de la fabrique de
Caughley, 176.

Rouen, fabrique de faïence et de porcelaine, 18, 74, 141,
146, 196, 222, 255.

Rudolstadt, fabrique de porcelaine pâte dure, 99, 169.

Saint-Amand (de), fondateur de la fabrique de Bordeaux, 138.

Saint-Amand-les-Eaux, fabrique de porcelaine pâte tendre,
80, 227.

Saint-Cloud, fabrique de faïence, 40; — fabrique de porcelaine pâte tendre, 74, 126, 262.

Saint-Pétersbourg, fabrique de porcelaine pâte dure, 237.

Saint-Samson, fabrique de grès, 150.

Saint-Yrieix, fabrique de porcelaine, 89; — découverte du
kaolin, 78.

Sarreguemines, fabrique de terre de pipe, 48.

Savignies, fabrique de terres cuites, 21, 137; — fabrique
de grès, 56.

Savino (Guido di), céramiste de Castel-Durante, 209.

Savone, fabrique de faïence, 199.

Savy (Honoré), potier de Marseille, 39, 141.

Saxe (Porcelaine de), 95.

Sceaux, fabrique de faïence, 40; — fabrique de porcelaine
pâte tendre, 75, 126, 168.

Schlakenwald, fabrique de porcelaine pâte dure, 187.

Sea-Bow, fabrique de porcelaine, 177.

Seigne (Jacques), potier nivernais, 18, 143.

Seltzerolde, fabrique de porcelaine pâte dure, 100, 163, 169.

Selvaggio (Guido), céramiste italien, 5.

Senlis (Jacques), potier nivernais, 17, 143.

Sept-Fontaines. Voir *Luxembourg*.

Sèvres, reproduction d'anciennes faïences, 49; — fabrique

de porcelaine pâte tendre, 75, 263 ; — manufacture royale de porcelaine pâte dure, 82, 127, 237.

Soares (Rocha), fabricant de faïence à Porto, 232.

Spengler et Hearacher, directeurs de la fabrique de Zurich, 239.

Spode, inventeur de la porcelaine opaque, 48.

Souroux, fabricant de porcelaine à Paris, 87, 123, 187.

Stanislas (Faïence de), 35.

Stoebzel, ouvrier de la manufacture de Meissen, 94.

Stoke-sur-Trent, fabrique de porcelaine, 104.

Stockholm, fabriques de faïence, 238.

Swansea, fabrique de porcelaine, 179.

Talmour et Discry, fabricants de porcelaine à Paris, 261.

Terchi (Bartholomeo), céramiste de Bassano, 193.

Terres cuites de Luca della Robbia, 3 ; — de Bernard Palissy et de ses imitateurs, 9, 14 ; — de Savignies et de Beauvais, 21 ; — de Lhéraule, 27.

Terre de pipe de Lunéville, 35 ; — de Toulouse et de Sarreguemines, 48.

Toulouse, fabrique de terre de pipe, 48 ; — de porcelaine pâte dure, 150.

Tournay, fabr. de porcelaine pâte tendre, 75, 80, 136, 225.

Tours, fabrique de terres cuites, genre Palissy, 14.

Trou, fabricant de faïence à Saint-Cloud, 40, 126, 239.

Tschirnhausen (Walter de), associé de Boettcher inventeur de la porcelaine allemande, 91.

Turner, directeur de la fabrique de Caughley, 176, 187.

Urbino, fabrique de majolique, 5, 196, 205.

Val-sous-Meudon, fabrique de terre de pipe, 130.

Varages, fabrique de faïence, 150.

Vasajo (Francesco del), céramiste de Castel-Durante, 209.

Vauxhall, fabrique de grès, 56.

Venise, fabrique de faïence, 127, 168, 211.

Vicence, fabrique de faïence, 212.

Vienne en Autriche, manufacture de porcelaine, 94, 185.

Vincennes, manufacture de porcelaine pâte tendre, 74, 81, 131, 226, 262.

Vincentio ou Centio (Maëstro), célèbre céramiste, 201.

Vineuf, fabrique de faïence, 213.

Vista-Alegre, fabrique de porcelaine pâte dure, 232.

Voisinlieu, fabrique de grès, 59, 137.

Waert (Van der), fabricant de faïence à Andenne, 219.

Wall, fondateur de la fabrique de Worcester, 103, 180.

Wallendorf, fabrique de porcelaine pâte dure, 163, 169.

Wedgwood, inventeur de la porcelaine anglaise, 56, 105; — et du pyromètre, 106.

Weesp, fabrique de porcelaine, 158, 218.

Wegeley, fondateur de la fabrique de Berlin, 233.

Wessel (L.), directeur de la fabrique de Poppelsdorf, 169.

Wielsdorf, fabrique de porcelaine pâte dure, 170, 218.

Willer, manufacture de faïence dans l'un des faubourgs de Lunéville, 34.

Wolkstadt, fabrique de porcelaine pâte dure, 100.

Worcester, fabriques de porcelaine et de faïence, 103, 176, 177, 178, 180.

Wurtzbourg, fabrique de porcelaine pâte dure, 170.

Xanto (Francesco), céramiste d'Urbino, 5, 205.

Yates, potier anglais, 104.

Ziégler, fondateur de la fabrique de Voisinlieu, 58, 137.

Zuccaro (Taddeo), peintre céramiste, 208.

Zurich, fabrique de porcelaine pâte dure, 239.

FIN DE LA TABLE ALPHABÉTIQUE.